KB209846

그저 나로서 산다는 것

그저 나로서 산다는 것

인생이 외로운 당신에게 해주고 싶은 말

초 판 1쇄 2024년 11월 20일

지은이 김예리(리아)
펴낸이 류종렬

펴낸곳 미다스북스
본부장 임종익
편집장 이다경, 김가영
디자인 임인영, 윤가희
책임진행 김요섭, 이예나, 안채원, 김은진, 장민주

등록 2001년 3월 21일 제2001-000040호
주소 서울시 마포구 양화로 133 서교타워 711호
전화 02) 322-7802~3
팩스 02) 6007-1845
블로그 http://blog.naver.com/midasbooks
전자주소 midasbooks@hanmail.net
페이스북 https://www.facebook.com/midasbooks425
인스타그램 https://www.instagram.com/midasbooks

ISBN 979-11-6910-916-1 03190

값 **18,000원**

미다스북스는 다음세대에게 필요한 지혜와 교양을 생각합니다.

그저 나로서 산다는 것

인생이 외로운 당신에게 해주고 싶은 말

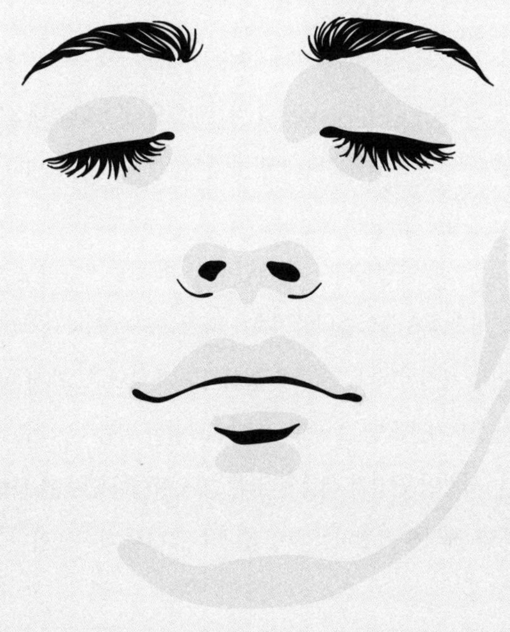

김예리(리아) 지음

미다스북스

추천사

김예리 작가님을 처음 알게 된 때는 2024년 5월 봄날의 한 때입니다. 그녀는 잘 나가는 대기업 직원이었습니다. 그런데 3개월 후 여름, 직업이 바뀌었습니다. 한 순간에 작가가 되었습니다.

그녀는 아주 특별합니다. 대기업 퇴사 후 책을 쓰겠다고 하는 김예리 작가에게 물었습니다. "책을 왜 쓰려고 하시나요?" 그 대답은 아주 특별합니다. "사랑을 전하기 위해서요." 그래서 이 책은 특별합니다. 작가, 그 사람 자체가 특별한 만큼 이 책도 특별합니다. 사랑이 담겼기 때문입니다. 그 사랑이란 단순한 사랑이 아닙니다. 세상을 포괄하는 사랑입니다. 그래서 더 특별합니다.

감정이 뭐라고 생각하시나요? 부모님에게, 자녀에게, 남자친구에게, 여자친구에게 느끼는 사랑이 떠오를 수 있습니다. 또는 분노가 떠오를 수도 있습니다. 그러나 여러분이 떠올린 사랑이나 분노는 감정의 일부에 불과합니다.

'진짜 감정'이란 인생역전을 이끄는 무기입니다. 김예리 작가님은 이 책에서 '감정'이라는 존재에 대한 변혁적 관점을 제안합니다. 『그저 나로서 산다는 것』 책 속에서, 감정이란 당신의 인생역전을 이끄는 무기로 재탄생합니다. 이 책을 읽고 당신은 감정을 다스릴 수 있게 됩니다. 그 결과 당신의 인생은 사랑으로 가득 찹니다. 특별한 사랑으로 가득 찬 인생을 사는 당신이라는 사람은 특별해집니다.

『그저 나로서 산다는 것』과 함께, 그저 당신으로서 살아가는 당신의 인생을 마주하시기 바랍니다. 특별한 사랑과 함께하는 특별한 사람으로 재탄생하시기 바랍니다.

- 비티오(『MZ 공무원은 도대체 왜 퇴사할까?』 저자)

나는 교통사고 후 책을 읽고 끌려 다니지 않는 삶을 살고 있다.

나와는 다른 경험과 독서를 통해 저자는 '나는 누구인가?'를 깨달았다.

세상과 사람에게 〈끌려 다니지 않는 삶〉을 살고 싶은 독자들에게 이 책을 추천한다.

- 고명환(『고전이 답했다 마땅히 살아야 할 삶에 대하여』 저자)

나의 본질은 무엇인가? : 알아차림

받아들이면 변화가 찾아온다 : 받아들임

나로서 지금을 산다는 것 : 자기사랑

들어가며

내가 변하자 세상이 변했다

> "세상에 변화가 생기길 바란다면 스스로 그 변화가 돼라."
> - 간디

나는 줄곧 스스로를 자책하며 삶을 살아왔다.

"너는 어쩜 그렇게 무심하니? 어떻게 딸이 되어 가지고 그렇게 살가운 구석이 없어!!"

엄마는 나를 사랑했지만 무심한 나의 성격을 자주 비난했다. 그럴 때면 나는 억울함을 느끼기보다는 그런 나 자신을 불효자라고 느끼며 자책했다.

'나는 도대체 왜 이 모양일까? 왜 이렇게 못난 걸까?'

나는 자신이 부족하고 모자란 딸이라고 느꼈다. 그래서 엄마의 눈치를 자주 봤다. 캐나다에서 유학하던 시절, 오빠는 기숙사 학교에 다니고 엄마와 단둘이 생활하던 시기가 있었다. 그때는 유독 나라는 존재가 엄마에게 짐처럼 느껴졌다. 존재하는 것 자체가 눈치가 보였다. 눈치를 보고 살다 보니 엄마에게 살가운 딸은 못 되더라도 한 번도 큰 말썽을 부려 본 적이 없었다. 그저 엄마에게 잘 보이고 싶은 마음뿐이었다. 가끔은 엄마의 말이 비수처럼 가슴을 후벼파도 울거나 화를 내지 않았다. 엄마에게 한 번도 내가 겪는 고민과 상처를 공유해 본 적이 없다. 최대한 짐이 되지 않으려고 했다.

나는 소심했고 자신감이 없었다. 그런 나에게 엄마는 무서운 존재였고 나는 엄마의 사랑과 인정을 받고 싶었다. 이런 엄마의 사랑에 대한 갈망이 바깥세상에서도 똑같이 이어졌다. 엄마의 눈치를 보듯이 밖에서는 다른 사람들의 눈치를 봤다. 선생님, 친구, 남자친구, 상사 그들의 눈치를 봤고 그들의 사랑과 인정을 받고 싶어 했다. 상대방의 표정과 말투가 미세하게만 변해도 혹시나 나를 비난하지는 않을까, 나를 버리지는 않을까 혼자 조마조마했다. 엄마 앞에서 어떠한 감정도 표현하지 못했듯이 다른 사람들 앞에서도 감정 표현이 서툴렀다. 그동안 강한 척하면서 나의 감정을 억눌러왔기에 그 누구 앞에서도 눈물을 보이지 못했다. 나는 겉으로는 당돌해 보였지만 실제로는 아직 성숙하지 못할 만큼 여리고 열등한 사람이었다.

30대 초반에 나에게 정서적으로 문제가 있다는 것을 본격적으로 느끼고 심리상담을 받았다. 그리고 그제야 나에게는 아무런 잘못이 없다는 것을 깨닫게 됐다. 나는 내가 부족하고 못나서 엄마에게 사랑받지 못했다고 느꼈다. 하지만 그게 틀렸다는 것을 알게 된 것이다. 그리고 그 깨달음은 엄마에 대한 분노와 원망으로 이어졌다. 나는 더 이상 화를 참지 않았다. 엄마에게 소리를 질렀고 우리는 서로를 향한 폭언을 쏟아부었다. 그때 나는 엄마가 미웠다. 엄마와 나의 관계는 절대로 나아지지 않을 거라 생각했다. 엄마는 할머니와 관계가 좋지 않았는데 나와 엄마의 관계도 그렇게 될 것이 틀림없었다. 엄마와 딸 간의 친구 같은 관계는 불가능해 보였다.

하지만 지금, 1년 채 되지 않아 엄마는 나의 친구가 되었다.

"은정아~"(가명) 내가 엄마를 부른다.

"네~?" 엄마가 대답한다.

두렵고 원망의 대상이었던 엄마를 나는 이제 이름으로 부르며 친구처럼 대한다. 가끔 잠옷을 입고 이리저리 돌아다니는 엄마의 모습을 보면 이런 생각이 든다. '왜 저렇게 귀엽지?' 엄마는 더 이상 나에게 말로 상처를 주지 않는다. 남들과 비교하며 나의 성격을 비난하지 않는다. 나를 있는 그대로 인정해 준다.

어떻게 이것이 가능해진 걸까? 엄마와 나의 관계는 180도 달라졌다. 엄마에게 받았던 상처가 더 이상 나의 과거가 아닌 것처럼 느껴질 정도로 아무렇지 않다. 나는 그저 나를 사랑하는 법을 배웠다. 나를 사랑하자 그동안 보지 못했던 엄마의 헌신과 사랑이 보였다. 그 사랑을 줄곧 받고 있었지만 나는 오직 상처에만 의식을 집중했다. 그렇게 자신을 피해자라고 단정했다. 이 사실을 모르고 있다가 서서히 알아차렸다. 그 시작은 전부 하나의 점에서 시작했다. 바로 '나'라는 점이다.

나는 최근 1년간 그 어느 때보다도 나에 대해서 많은 것을 알게 됐다. 그토록 내가 인생에서 찾았던 모든 답이 이미 내 안에 있다는 것을 깨달았다. 그리고 그 해답을 찾기 위해서 내가 유일하게 할 일은 그저 나를 허용하는 것이었다.

내면을 탐구하다 보니 내 안에는 여전히 성장하지 못한 5살 어린아이가 존재한다는 사실을 알게 됐다. 그 아이는 항상 사랑을 갈구하고 인정받고 싶어 했다. 사소한 말에도 금방 상처받고 토라졌다. 툭하면 상대방을 의심하고 질투했다. 그러면서 동시에 사람들에게 받아들여지지 않을까 봐 불안하고 두려워했다. 이런 나의 내면아이를 인정하는 데 오랜 시간이 걸렸다. 내면아이가 느끼는 감정들이 내 안에서 올라올 때면, 나는 그것을 억누르고 스스로 괴롭히는 것밖에 할 줄 몰랐다. 하지만 그 아이를 인정하는 것이 내가 진작부터 해야 할 유일한 일이었다.

나의 마음을 들여다보고 감정을 수련했다. 그렇게 나는 마음공부를 시작했다. 사랑받고 싶어서, 행복해지고 싶어서,

나를 알고 싶어서. 신기한 건 나의 마음을 공부할수록 더 방대한 지식을 얻게 됐다. 우리의 두뇌부터, 우주의 원리, 감정과 무의식에 관련된 새로운 앎을 얻었다. 알고 보니 마음을 안다는 것은 곧 우주를 아는 것과 같았다. 그만큼 마음이라는 건 심오하고 광대했다. 나에 대한 이해가 깊어지자 나의 삶에서 변화가 일어나기 시작했다. 나는 현재 완전히 다른 삶을 살고 있다. 더 이상 자신을 증오하지 않고 사랑한다. 나라는 존재를 사랑하고, 나의 몸을 사랑하고, 내가 하는 생각들과 느끼는 감정들을 받아들인다. 그것이 무엇이든, 그리고 어떤 형태이든 말이다. 더 이상 나는 무엇이 되려고 애쓰지 않는다. 이제는 사랑받으려고 노력하지 않는다. 그냥 지금 이렇게, 내 몸에서 존재하는 것에 대한 기쁨을 느낀다. 무엇보다도 나는 자유롭다. 예전처럼 누군가의 반응을 눈치 보느냐고 나의 힘을 상대방에게 넘겨줄 필요가 없다. 오직 나의 궁금증을 유발하고 나를 설레게 하는 일만 선택해서 경험할 수 있다. 그리고 사랑한다. 다른 사람들의 이해가 되지 않았던 말과 행동이 더 이상 나의 신경을 건드리지 않는다. 그것이 가장 자연스러운 것임을 이해하고 받아들인다. 나는 예전만큼 나와 상대방을 규정짓거나 판단하지 않는다. 그렇기에 나는 자유롭고 행복하다. 이렇게 되도록 나의 '상황'이 변한 것이 아니다. '내가' 변하니 세상이 통째로 변한 것이다.

이 책을 통해서 내가 인생에서 깨달은 것들을 나누고자 한다. 나는 억만장자도 아니고 영적으로 초탈한 사람도 아니다. 하지만 나는 행복해지는 방법을 터득했다. 그리고 현재 행복을 누리고 있다. 이런 내가 신기할 정도로 온갖 근심 · 걱정이 내 안에서 말끔히 사라졌다. 인생이 더 이상 심각하지 않다!

이렇게 되기까지의 경험과 방법을 세세하게 나누려고 한다. 이 책은 3가지 단계로 영적 성장을 이루는 과정을 설명한다. 알아차림 – 받아들임 – 자기사랑이다. 단계마다 개인적인 예시를 활용해서 이해하기 편할 것이다. 나의 이야기는 많은 사람에게 도움이 될 것이다. 왜냐하면 내가 느낀 감정이라면, 당신도 느꼈을 것이기 때문이다. 그리고 당신이 느낀 감정이라면, 나도 느낀 것이다. 이토록 우리는 서로 연결되어 있고 많은 감정과 생각을 공유하고 있다. 그래서 나의 이야기를 솔직하고 가감 없이 썼다. 당연히 나를 드러내는 건 여전히 용기가 필요하다. 하지만 나의 이야기가 많은 사람들에게 가닿아 제 역할을 할 수 있다면 나는 더없이 행복할 것 같다.

많은 이들이 행복하기를 바란다. 우리가 애쓰는 근본적인 이유는 행복해지고 싶기 때문이다. 하지만 상황으로 인한 행복은 오래가지 못한다. 사실 우리가 그토록 쫓고 있는 건 '아무 이유 없이 솟구치는 행복'이다. 그것만이 조건 없는 참행복이고, 우리는 그것을 경험하길 원한다. 참행복은 외부에 있지 않다. 그것은 우리 내면에 있고 원하면 언제든지 느낄 수 있다. 그 에너지가 우리의 근원이기 때문이다. 하지만 근원에 닿을 수 있으려면 자신을 먼저 알아야 한다. 자신의 소중함을 깨닫고 누구도 아닌 자신이 될 수 있어야 한다. 당신은 그렇게 될 것이다. 그러기 위해서 이 책을 읽고 있다. 부디 마음을 활짝 열고 이 책을 읽어나가길 바란다. 당신의 깊숙한 곳으로 들어가 보자. 용기를 내고, 정직하게 한 걸음, 한 걸음씩 앞으로 나아가면 된다. 당신이 내딛는 걸음마다 당신의 세포는 반응하고 새로운 여정을 지지할 것이다. 나 또한 내면에 집중하는 당신을 축복하고 진심으로 응원한다. 혼자 걷는 길이 아닌, 우리가 함께 걷는 길이다. 그러니 우리

이제 진정한 변화를 위해 용기를 내보자. 내면으로 한 걸음 만 더 깊이 들어가 보는 것이다.

1장

나의 본질은 무엇인가?
: 알아차림

"'진짜 나'의 목소리를 들을 수 있어야 한다. 방법은 간단하다. 무의식적으로 올라오는 감정을 알아차려라. 그리고 그 감정을 온몸으로 느껴라."

• 01 •

존재를 알면 외롭지 않다

> "있는 그대로의 당신은 의식이고 참자아이고 아트만이며 영혼이다."
> - 마이클 A. 싱어, 『상처받지 않는 영혼』

나는 그동안 연애에서 인생의 답을 찾으려고 했다. 운명의 짝을 찾으면 그걸로 인생이 나아질 거라 생각했다. 내가 가지고 있는 애정결핍은 남자친구가 채워 줄 것이라 믿었다. 겉으로 보기에는 부족한 것이 없었지만 이유 모를 공허함을 자주 느꼈다. 왠지 모르게 세상과 분리된 듯한 감정을 자주 느꼈고 그 감정은 나를 외롭게 했다. 그럴수록 더 열심히 친구들을 만났고 운명의 짝을 만나고자 노력했다. 나만의 짝을 만나 결혼하면 반드시 외로움에서 벗어날 거라 믿었다. 하지만 그 믿음은 길게 가지 못했다. 누구를 만나도 공허함을 채울 수 없다는 것을 금방 깨달았다. 결핍감이 일시적으로 충족됐지만 나는 이윽고 우울감으로 다시 빠져들었다. 마치 외로움이라는 감정에 중독된 사람처럼 말이다. 주변에 보면 운명의 짝을 만나 서로의 부족한 부분을 채우며 잘만 살던데, 나의 연애는 언제나 툭하면 부러졌다. 남들 잘만 하는 연애가 나한테는 왜 이렇게 어려운 건지. 마치 결혼이 내 인생의 최종 목표인 것처럼 결혼하기 위해 왜 이렇게까지 애써야 하는지 이해할 수 없었다.

인생에는 '행복'의 답이 정해져 있는 것만 같았다. 좋은 학교에 가서 좋은 회사에 다니고 좋은 사람과 결혼해서 애를 낳는 것. 그것이 잘못됐다고 말하는 것은 아니다. 하지만 그전에 반드시 먼저 해결이 필요한 일이 있다고 느꼈다. 단지 그것이 무엇인지를 알지 못했다. 30대가 되니 주변 친구들은 모두 결혼하려고 노력하는 모습이 느껴졌다. 그 모습을 보면 불안했고 나만 이상한 사람처럼 느껴졌다. 그 생각이 또 나를 외롭게 만들었다. '나는 왜 다를까? 내가 찾고자 하는 건 도대체 뭘까?' 답은 찾지 못했다. 그래서 나를 사회에 억지로 꿰맞

추려고 노력했다. 하지만 그럴수록 공허한 감정은 더욱 커졌다. '내가 원하는 게 뭘까?' 나는 이 질문을 떨쳐낼 수가 없었다. 그걸 찾으려고 한참을 밖으로 헤맸다. 코딩을 배워 보고, 연기를 배워 보고, 스마트스토어도 운영해 보고, 혼자 해외여행을 가 보고, 교환학생을 해 보고, 데이팅 앱도 해 보고…. 모든 것이 귀한 경험이었지만 여전히 답은 찾지 못했다.

애초에 그것은 외부에서 찾을 수 있는 것이 아니었다. 답은 내 안에 있는 것이었다. 하지만 그 답은 도대체 무엇이란 말인가? 왜 나는 지속적인 외로움 속에 갇히는 걸까? 왜 이렇게 인생은 외로운 걸까? 왜 이토록 외롭지 않으려고 악을 써야 하는 걸까? 이게 정말 인생인 걸까? 모두가 가는 그 길을 걸어야만 정말 행복해지는 걸까?

나는 인생이 알고 싶었다. 무엇을 위해 이렇게 살아야 하는지 궁금했다. 인생의 궁극적인 의미가 도대체 무엇일까? 우리는 왜 모두가 똑같은 삶을 살고 있을까?

뭔가가 잘못되고 있음을 인지했지만 그게 무엇인지 알지 못해 답답했다. 돌이켜보면 나는 껍데기만 있는 삶을 살았다. 누군가의 인정을 받기 위해 노력하고 누가 칭찬해 주면 기뻐했다. 그러다가도 조금만 기분 상하는 말을 들으면 금세 자존감이 바닥을 내리쳤다. '인생은 원래 외로운 거야'라는 말에 위로받고, 진짜로 남들도 나처럼 불행한지 확인했다. 그리고 남의 불행을 보며 나만 이런 것이 아니라는 사실에 위안을 얻었다. 정말이지 끊임없이 확인받고 싶어 했다. 내가 잘 가고 있는 게 맞는지, 나만 외로운 게 아닌지, 나는 사랑받을 가치가 있는지. 뒤떨어질까 봐 몹시 두려워했다. 상대방을 경계하고 누군가의 좋은 소식을 들어도 진심으로 축하해 주지 못했다. 쉽게 상대방을 의심했다. 다들 속으로는 다른 의도를 품고 있다고 생각했다. 서로를 위하는 척하지만, 암묵적으로는 서로를 끊임없이 비교하고 시기하고 경쟁한다고 느꼈다.

물론 나의 껍데기는 부족한 것이 없었다. 말짱한 사지를 가지고 있었고, 인기도 많은 편이었고, 누구나 부럽다고 할 법한 직업을 갖고 있었다. 가끔 투덜거리긴 하지만 유쾌하고 화목한 가족도 있었다. 그럼에도 불구하고 나의 내면은 썩고 있었다. 기쁜 날도 많았지만 내 안에는 '언제나' 두려움이 도

사리고 있었다. 인생은 그저 내 안을 가득 채운 두려움과 외로움을 외면하기 위해 안간힘을 쓰는 날들의 반복이었다. 결국 두려움이 나를 여기까지 끌고 왔다. 물론 이 여정은 '나는 왜 이 모양일까?', '왜 이렇게 인생은 외로운 걸까?'라는 질문에서 시작됐다. 하지만 이런 질문을 반복적으로 되짚는 데는 이유가 있었다. 내 안에는 또 다른 믿음이 있었다. '분명 인생이 이게 전부는 아닐 거야.'라는 근본 없지만 깊은 믿음이었다. 내 안의 깊숙한 곳에 머물러 있는 나의 영혼은 이미 알고 있었다. 인생은 결코 외로운 것이 아니라는 사실을.

그래서 나를 들여다보기 시작했고 그 시작이 책이었다. 책에는 어마어마한 지혜가 담겨 있다. 물론 나의 삶에는 아주 다양한 스승들이 존재했지만 그들의 진가를 알아차리게 해준 것도 책이었다. 나는 그렇게 인생의 답을 찾아갔다. 그리고 그것은 너무 단순했다. 인생의 진짜 의미는 **나의 삶을 경험하는 것**이었다. 인생은 '원래 외로운 것'이 아니었다. 외롭게 느껴졌던 이유는 나의 삶을 버리고 있었기 때문이었다. 나의 시선과 기준은 오직 외부에 맞춰져 있었다. 남들의 인정을 받아야만 성공한 것 같았다. 타인의 반응이 나의 인생을 좌우했다. 그저 누군가의 입맛에 들어맞기 위해 온몸과 마음을 허비하고 있었다. 그러는 와중에 내 영혼은 조용히 시들고 있었다. 내 안의 '진짜 나'는 나로부터 버려지고 억압당했다. 그러니 인생이 외로울 수밖에. 내 삶을 살아야 할 '내가' 나의 삶을 외면하고 있었으니 말이다. 내 삶을 살 수 없었던 이유 또한 너무 단순했다. **내가 나를 인정하지 않았기 때문이다.** 나는 나를 사랑하는 법을 몰랐다. 어디서도 그냥 나라는 존재로서 살아도 괜찮다는 격려를 받아 본 적이 없다. 나에게는 가야 할 대학이 있었고, 대학교 직후에는 직업이 필요했고, 30대가 되면 나만의 가정이 있어야 했다. 모든 것이 정해져 있었다. '나만의 길'이라는 건 없었다. 내가 무엇을 좋아하는지 잘 알지도 못했으니 어떻게 내 삶을 살 수 있었겠는가.

내가 말하고 싶은 결론은 딱 하나다. **나를 사랑해야 한다.** 어쩌면 너무 많이 들었던 말이라 진부하게 느껴질 수도 있겠다. 하지만 나는 나를 사랑하는 법을 지금까지 어디서도 배우지 못했다. 나를 사랑해야 한다. 그러면 나의 삶을 살 수 있다. 인생은 정말 그것뿐이다. 우리 안에는 무한한 가능성을 품고 있으며, 모든 답을 이미 알고 있는 상위의 더 높은 자아가 있다. 그 자아가 나의 본질이다. '진짜 나'이다. 이것을 영혼, 큰나, 참나, 우주라고 표현할 수도 있다. '진짜 나'를 찾아야 한다. 우리가 찾는 모든 답을 알고 있는 스승이 우리 안에 이미 존재한다. 인생의 나침반을 모두가 탑재한 상태로 태어난 것과 같다. 이 사실을 그저 알고만 있으라. 그리고 존재에 대해서 계속 의식하고 물어라. "나는 누구인가?" 질문하고 답을 기다려라.

'진짜 나'를 찾는 걸 인생 최우선의 목표로 잡아 보길 바란다. 나와 친해져야 한다. '나'라는 존재는 눈으로 보이는 몸뚱이가 전부가 아니다. 그것보다는 훨씬 더 심오하고 장엄하다. '진짜 나'를 알아가는 인생. 과연 그것보다 가치가 큰 게 있을까? 이것만큼은 조금 단호하게 말하고 싶다. 나의 '존재'를 알아가는 것보다 이 세상에 중요한 일은 없다. 당신의 존재보다 가치가 높은 것은 이 세상에 없기 때문이다. 당신이 인생에서 추구했던 모든 것. 돈, 명예, 결혼, 지위 그것이 무엇이든 당신의 존재보다 우선순위가 높고 가치가 높은 것은 없다. 당신의 존재를 알고, 그것을 사랑하고, 당신의 삶을 살아라. 그 삶은 외롭지 않을 것이다.

• 02 •

당신은 규정할 수 없는 존재다

"자기 자신과 타인에 대해 규정짓는 것을 중단하라.
그래도 당신은 죽지 않는다. 오히려 살아 있음을 경험하게 될 것이다."
- 에크하르트 톨레

내가 마음공부를 시작하면서 깨달은 것이 하나 있다. 나는 그동안 모든 것을 통제하려고 했다는 것이다. 출근할 때면 자주 생각했다. 내 앞에 걸어가는 사람은 왜 이렇게 천천히 걸어가는지 인상을 찌푸리며 빨리 좀 걷기를 바랐다. 남자친구에게, 가족에게 "도대체 왜 그런 말을 하는 거야?" 하며 그들의 언행을 통제하려 했다. 날이 더워서 또는 날이 추워서 날씨 탓을 하던 날은 또 얼마나 많았던가. 이런 식으로 내 뜻대로 되지 않으면 남 탓, 상황 탓, 날씨 탓하기 일쑤였다. 이런 생각이 들었던 이유는 딱 하나다. '모든 것이 내 뜻대로 되어야 한다.'라는 깊은 신념이 마음속에 깔려 있기 때문이다.

이렇게 모든 것을 내 뜻대로 통제하려고 하니 세상을 사는 게 얼마나 피곤했을까? 만성피로가 괜히 생기는 것이 아니다. 나는 왜 세상을 통제하려고 했던 걸까? 내게는 **세상을 규정하는 기준**이 있었기 때문이다. 날씨는 이래야 하고, 남자친구는 나를 이렇게 대해야 한다는 기준이다. 내가 바쁠 때는 세상이 '알잘딱깔센'으로 지하철 오는 시간도, 신호등도 모든 타이밍을 절묘하게 다 맞춰 주길 바랐다. 그러니 신호가 걸릴 때마다 화가 치밀어 올라왔다. 나는 나의 개인적인 '호불호'를 기준으로 모든 것을 규정했다. 상황뿐 만일까? 나라는 존재 자체도 규정했다. 나는 누구와 어울려야 하고, 어떤 옷을 입어야 하고, 어떤 일을 해야 하고, 어떻게 행동해야 하는지 규정했다. 이런 식으로 스스로를 일정한 프레임 안에 가둬 둠으로써 그 외의 가능성을 절대 경험할 수 없게 만들었다. 내가 스스로 족쇄를 채운 거나 마찬가지다. 내가 '나는 이런 사람이야.'라고 정의하는 순간 나는 딱 그만큼의 사람만 된다.

예를 하나 들어보자. 나는 오랜 시간 동안 스스로 이런 식으로 정의했다. '나는 아침잠이 많은 사람이야.' 실제로 나는 그런 사람이었다. 주말이면 오후 12시 또는 1시에 일어났고 평일에는 아침마다 좀비처럼 고통스럽게 일어나서 출근했다. 매일 아침마다 생각했다. '언제까지 이 짓을 해야 할까?' 이렇게 고통스러운 마음 상태로 하루를 맞이했다. 우리 회사는 당시에 시차출근제가 있어 출근 시간을 8시, 9시, 10시 중 선택할 수 있었다. 나는 10시를 선택할 사람이었지만 눈치가 보여 9시에 출근을 했고 8시 출근은 '상상조차' 하지 못했다. 그 정도로 아침형 인간보다는 전형적인 올빼미족이었다.

한참 나에 관한 탐구에 빠져 있을 때 새삼 이런 생각이 스쳤다. '내가 아침형 인간이 아니라는 것을 어떻게 확신하지? 나는 아침잠이 없던 인생을 살아 본 적이 없는데?' 그 깨달음으로 머리에 벼락을 맞은 듯 정신이 갑작스럽게 깨어났다. 나는 결코 아침잠이 없는 '그 반대의' 인생을 살아 본 적이 없었다. 우리 가족 중 엄마가 잠이 많았고 그래서 나 또한 그런 사람이라고 평생 스스로 규정했다. 오직 그 규정만이 나를 아침잠이 많은 사람으로 만든 것이다. 결국엔 아침형 인간이 될 수 있는 기회를 '내가' 차단하고 있었던 것이었다. 그때부터 나는 새롭게 자신을 정의했다. '나는 아침을 사랑하는 사람이다.' 여기서 결과를 작성하기 전에 미리 하나 말해둘 것이 있다. 변화는 쉽게 오지 않는다. 하지만 **사람은 변할 수 있다.** 사람은 매 순간 변화한다. 당신이 그것을 얼마나 믿느냐에 따라서 변화의 속도는 달라진다. 그렇게 나에게도 변화가 찾아왔다. 주말에 오후 1시까지도 자던 사람이 매일 아침 5시에 일어나기 시작했다. 첫 일주일은 정말 힘들었다. 알람이 울리면 그냥 다시 잘까? 고민을 백번 했다! 그래도 결국엔 의식적으로 몸을 일으키고 창문을 바라봤다. 아침을 향해 억지로 미소를 지어 보였다. 그리고 두 눈도 제대로 못 뜬 채 속삭였다. "아침아 사랑해."

나는 아침을 사랑하는 사람이다. 바로 그렇게 아침을 사랑하는 사람이 되었다. 9시 출근에서 8시에 출근하는 사람이 되었다. 그것도 일어나자마자 바로 출근 준비를 하는 것이 아니라, 일어나서 명상하고, 산책하고, 일기 쓰고, 독서를 했다. 겨우겨우 일어나서 늦장 부리다가 막판에 뛰쳐나가는 과거의 모습과는 정반대이다. 눈을 뜨자마자 나만의 고요한 시간을 갖게 되었다. 그 시간이 얼마나 행복하고 평화로운지는 이루 말할 수가 없다. 나는 진정으로 아침을 사랑하는 사람이 된 것이다.

그렇다면 나는 이제 영원히 '아침형 인간'으로 규정된 걸까? 나는 스스로 규정하지 않는다. 만일 너무너무 피곤해서 더 자고 싶다면? 그냥 그렇게 한다! 아침에 일어나지 못했다고 스트레스를 받거나 자책하지 않는다. 그동안 내가 만든 규정 때문에 자신을 얼마나 많이 괴롭혀 왔는가. 내가 세상을 통제하려 했던 이유는 나만의 규정이 있었기 때문이다. 내가 정한 규정에 맞지 않으면 세상을 통제하려 했다. 하지만 그 행동이 나의 가능성을 차단하고 있다는 것은 인지하지 못했다. 진실은 이렇다. 나는 이것도 아니고 저것도 아니다. 나는 이것도 될 수 있고, 저것도 될 수 있다. 나는 아침형 인간일 수도 있지만 아닐 수도 있다. 고로 나는 규정할 수 없는 존재다. 왜냐하면 나에게는 차마 헤아릴 수 없을 정도로 무한한 가능성이 있다. 이것이 우리의 본질이다. 나를 규정하는 것을 멈추면, 더 이상 나를 통제하려 들지 않는다. 나를 통제하는 것을 멈추면, 세상을 통제하지 않는다.

자신을 어떻게 규정해 왔는지 한번 들여다보자.

'나는 아침에는 절대 못 일어나.'

'나는 수학 머리가 없어.'

'나는 말을 잘 못 해.'

'나는 안 될 것 같아.'

'나는 여자니까/남자니까 이렇게 행동해야 해.'

'나는 내가 한 말은 끝까지 지키는 사람이야.'

'나는 절대 지지 않는 사람이야.'

'나는 계획적인 사람이야.'

모든 규정으로부터 자유로워지자. 규정 때문에 그에 걸맞은 기대가 생기고 세상을 있는 그대로 바라볼 수 없게 된다. '나는 말을 잘 못 해.'라고 규정하는 순간 당신 머릿속에는 발표를 잘하는 당신의 모습을 상상할 수가 없다. 무의식은 당신이 극도로 긴장해 발표를 망하는 모습을 그리고 기대한다. 청중 중에 그냥 아무 생각 없이 당신을 쳐다본 걸 당신은 '저 사람이 내가 발표를 못 해서 쳐다본다'라고 해석한다.

'나는 내가 한 말은 끝까지 지키는 사람이야'라고 말하면 얼핏 좋은 사람처럼 해석되지만, 그것 또한 스스로 제한하는 것이다. 내가 한 말은 무조건 지켜야 한다는 강박을 느끼게 된다. 그러면서도 나는 신뢰할 수 있고, 의리 있는 사람이라는 자부심도 생긴다. 바로 그 자부심 때문에 그렇지 않은 상대방을 무시하고 통제하려고 한다. 고백하자면 내가 바로 그런 사람이었다. '나는 책임감이 높은 사람'으로 스스로 규정했다. 그리고 그것을 끝까지 지키려고 집착할수록 그렇지 않은 사람들을 보면 쉽게 분노하고 실망했다. 그래서 약속을 취소하는 친구들을 보면 이해가 안 됐다. 어떤 일 때문에 취소했는지 그들의 감정과 상황은 헤아리지 못하고 그저 책임감이 없다고 판단했다. 반대로 내가 약속을 지키지 못했을 때는 혼자 죄책감을 느끼며 고통스러워했다. 그런 식으로 나를 통제하고, 세상을 통제하게 된다.

모든 규정을 한 번에 다 내려놔 보자. 강아지가 물에서 나와 자기 몸을 털어 내는 모습을 본 적이 있는가? 머리부터 꼬리 끝까지 몸을 격렬하게 흔들어대며 물기를 털어 내 버린다. 바로 그렇게 내 몸에 덕지덕지 붙은 모든 규정을 털어 내 버리자. 물론 자신이 원한다면 이 원리를 활용해서 자신을 긍정적인 방향으로 규정해도 좋다. 하지만 그것에 집착하고 마음에 부담을 느끼면 그때는 규정을 내려놓기를 바란다. 우리는 '무엇이' 될 필요가 없다. 나는 그냥 나다. 그저 나로서 존재하는 것, 그것만으로도 충분하다.

• 03 •

나의 근원으로 들어가는 길

> "당신 내면의 목소리보다 더 위대한 가르침의 목소리는 결코 없다."
> - 람타, 『화이트 북』

나로서 산다는 게 도대체 무슨 의미일까? 우리는 그런 고민을 진정으로 해 본 적이 있을까? 적어도 나는 그런 고민을 해 본 적이 없었다. 그저 내 안에 설명할 수 없는 지속적인 공허함에서 벗어나기 위해 발버둥을 쳤다. 그리고 그 해답을 외부에서 찾는 것 말고는 그 외의 방법은 알지 못했다.

그동안 나는 공허함이 인정으로 채워질 것이라고 믿었다. 가족을 비롯해 다른 사람들의 인정을 받으면 행복해질 거라 믿었다. 그래서 우월해지려고 노력했다. 사람들이 부러워할 만한 일들에 집착했다. 그렇게 나는 대기업으로 이직했고 성공적인 결혼을 위해 남자를 만나면 그의 능력과 경제적 조건을 감히 평가했다. 좋은 직장과 좋은 남편, 그것이 나의 결핍감을 채워 줄 거라 믿었기 때문이다. 나의 무의식은 그냥 나로서 존재하는 것은 부족하다고 믿고 있었다. 그러니 계속 외부에서 나를 채워 줄 '뭔가'를 찾아 헤맸다. 정작 나의 내면을 들여다볼 줄은 몰랐던 채로 말이다.

직업, 배우자 이것들은 모두 외부의 것이다. '환경'이다. 나는 그동안 환경이 나를 행복하게 만들어 줄 거라 믿었다. 그래서 여행을 떠났고, 더 멋진 연애를 원했고, 나를 우월하게 만들어 줄 직업을 쫓았다. 행복을 밖에서 찾는 것, 그것이 불행의 시작이었다. 환경을 통해서 행복해질 수 있다고 믿는 것은 '나는 부족하다'라는 믿음이 기저에 깔려 있는 것이다. 나의 무의식은 나를 열등한 존재로 인식하고 있었다. 그래서 환경을 통해서 충족되어야만 부족한 내가 사랑받을 수 있는 존재가 된다고 믿었다. 하지만 환경이 정말 모든 것을 충족시켜 줄 수 있을까?

나는 돈이 많고 사회적 지위가 아무리 높아도 불행한 사람을 많이 봤다. 환경으로 '편해'질 수는 있겠지만 '행복'은 다른 거였다. 나는 편안했다. 안정적인 직업을 가졌고 매일 4시쯤 퇴근하며 취미를 즐길 수 있었다. 그래도 나는 부족했고 또 부족했다. 계속 채워지지 않는 이 공허함은 어떤 외부의 것으로도 채울 수 없었다. 애초에 답은 내면에 있는 것을 엉뚱한 곳을 헤매고 있으니 방황하며 불안함을 느끼는 것이 당연했다. 진정으로 내가 삶에서 원하는 건 무엇일까? 나는 사랑받고 싶었다. 나는 행복해지고 싶었다. 환경으로 인해 느껴지는 일시적인 행복감이 아닌 내면에서 자동으로 솟아오르는 충만함을 원했다. 왠지 모르는 소외감과 분리된 듯한 감각에서 벗어나고 싶었다. 그 대신에 모두가 연결되어 있다는 앎 속에서 '완전함'을 느끼길 원했다. 이 모든 것의 결핍은 딱 하나에서 비롯된 것이다. 바로 '자기 사랑'이다.

내가 그동안 분리된 듯한 불안함을 느꼈던 이유는 '나로부터' 분리되어 있기 때문이었다. 나는 내가 원하는 삶을 살고 있지 않았다. 그 삶이 무엇인지도 몰랐고, 지금의 나는 항상 부족하다고 느끼며 스스로 자책했다. 그저 남들보다 돈을 더 많이 벌고, 더 똑똑하고, 더 지혜로워야만 했다. 그래야만 내가 열등한 존재가 아닌, 사랑받아 마땅한 존재가 될 거라 믿었다. 결국 나에게 필요한 것은, 결혼, 직업, 돈이 아닌 나를 사랑하는 마음이었다. 지금 이대로도 충분하다는 확신과 사랑받을 자격이 있다는 믿음이다. 왜 자꾸 스스로 증명해야 하는 걸까? 나는 사랑받을 자격이 있다고 도대체 누구에게 그렇게 증명하려는 걸까? 바로 나에게 하는 것이다. 왜냐하면 나는, 있는 그대로의 나를 인정해 준 적이 없기 때문이다.

나보다 빨리 승진한 친구를 보며 부러워하고 질투했다. 남자친구에게 사랑을 듬뿍 받는 친구의 모습을 보면 초라해졌다. 그 단편적인 모습을 부러워했던 이유는 그것만이 답이라고 믿었던 나의 비좁은 시야 때문이다. 나의 편협한 사고는 남들은 있지만 나는 없는 것에만 집중했다. 모든 초점이 외부로 맞춰져 있었다. 내가 가진 장점은 보지 못하고, 나를 있는 그대로 허용하지 못했다. 이럴 때 초점을 내게로 가지고 오면 어떨까? 내가 승진을 못 했다고 나의 인생이 망하는 걸까? 만일 나는 작가로서 더 깊은 뜻이 있다면 회사에서의 승진이 중요한 걸까? 남자친구에게 받는 사랑을 내가 나에게 먼저 줄 수는 없는 걸까? 이 세상에는 무한한 가능성이 있고, 나는 그저 나에게 맞는 선택을 할 줄만 알면 되는 것이다.

하지만 선택하려면 '나'를 알아야 한다. 내가 좋아하는 건 뭘까? 나는 무슨 일을 하고 싶은 걸까? 나는 무엇을 원하는 걸까? 이 질문을 계속 던져야 한다. 그것만 알면 행동은 저절로 따라온다. 하지만 그것을 알아내기 전에 가장 먼저 해야 하는 것이 있다. **바로 '내면의 청력'을 기르는 일이다.** 우리는 보통 외부의 소음에 초점이 맞춰져 있다. 가족, 친구, 회사 동료, 미디어가 뭐라고 말하는지 온통 그곳에만 레이다를 세우고 있다. 정작 내면의 목소리에는 귀를 기울이지 않는다. 내면에는 모든 답을 알고 있는 내면의 인도자가 있다. '진짜 나'의 목소리를 들을 수 있어야 한다. 방법은 간단하다. 무의식적으로 올라오는 감정을 알아차려라. 그리고 그 감정을 온몸으로 느껴라. 감정이 더 이상 느껴지지 않을 때까지 느껴라. 이것만 계속 반복하면 된다. 감정을 느끼는 방법은 이후에 설명하겠지만 복잡한 공식이 있는 것은 아니다. 때로는 답이 너무 단순해서 사람들은 그것을 믿지 않는다. 우리는 너무 간단해서 놓치는 것들이 많다. 몸에 긴장을 풀고 마음을 열자. 인생은 본디 단순한 것이라 했다.

우리 안에는 이미 모든 답을 알고 있는 내면의 인도자가 있다. 그것이 '진짜 나'이다. 진짜 나를 만날 수 있는 가장 빠른 길은 나의 감정을 허용하는 것이다. 무의식적으로 반응하는 감정을 알아차리고 온몸으로 느껴 보라. 이것이 내면의 진짜 나, 나의 근원으로 들어가는 가장 빠른 지름길이다.

• 04 •

그저 알아차려라! 잠에서 깨어나라!

> "우주는 무(無)가 거울에 비친 자신의 모습을 보았을 때 비로서 시작되었다."
>
> \- 조 비테일, 이하레아카라 휴 렌,
> 『호오포노포노의 비밀 : 부와 건강 평화를 부르는 하와이인들의 지혜』

"이미 처리된 카드입니다."

'진짜 바보냐? 왜 그런 실수를 해?'

출근길 버스에서 내리는 하차 태그를 미리 찍어놓고 깜빡하고 한 번 더 찍었더니 당찬 음성 메시지가 울려 퍼졌다. 조용하고 사람들이 꽉 차 있는 버스 안에서 나는 당황했다. 그 순간 무의식적으로 스스로를 비난했다. 그 말투는 완벽하게 무시하는 어조였다. 그때 처음으로 내가 나에게 말하는 말투를 인지했다.

'와… 나 왜 이렇게 못되게 말하지? 친구가 똑같은 실수를 하면 이러지 않을 거잖아!'

나의 무의식에 소름이 돋았다. 그동안 스스로에게 이런 말투로 이야기하고 있었다니. 작은 실수조차도 냉정하게 비난하는 나의 모습을 보며 놀랐다. 그래서 곧바로 수정했다.

'어떻게 그렇게 귀여운 실수를 할 수가 있어? 너무 귀엽다~'

이런 식으로 무의식적으로 떠오르는 생각과 감정을 인지하는 것이 내면 탐구의 첫 번째 스텝이다. 이 훈련은 매우 중요하다. 왜냐하면 우리는 자기도 모르는 채, 매일 무의식적인 삶을 살고 있기 때문이다. 최근 과학자들은 무의식이 우리 마음의 95퍼센트에 이른다고 추정했다. 이 말인즉슨 우리가 매일 하는 생각과 행동의 95퍼센트가 무의식적으로 일어난다는 뜻이다. 인지도 못한 채로 어제도 한 생각을 오늘도 하고 내일도 하고 모레도 하는 것이다. 무의식적으로 매일 똑같은 생각을 한다. 똑같은 생각이 똑같은 감정을 만들고, 똑같은 행동을 일으키고, 똑같은 삶을 창조한다. 중요한 사실은 나도 모르는 채 그러고 있다는 것이다.

우리는 자신이 깨어 있다는 착각 속에 살고 있다. 하지만 당신은 당신의 '생각에 대해서' 생각해 본 적이 있는가? 그것은 어디에서 오는 것인가? 당신은 자신이 무슨 신념을 가지고 사는지 알고 있는가? 매일 무기력하고 불안감을 느끼고 산다면 그것은 무의식적인 삶을 살고 있다는 증거다. 나는 완벽하게 잠든 상태에서 살았다. 매일 나에게 자해적인 말과 행동을 지속하면서 거기서 올라오는 불만족감은 세상을 탓했다. 정작 내가 그 고통을 만들고 있다는 사실을 알아차리지 못했다. 고통을 끝내기 위해서는 깨어나야 한다. 무의식적인 삶에서 빠져나오려면 의식을 깨워야 한다. 그러려면 내가 무의식적으로 내뱉은 말과 품었던 생각을 **인지할 수 있어야 한다.** 그래야 내가 어떤 식으로 나를 대하고 있었고, 내가 무엇을 원하는지를 서서히 알게 된다. 무의식적인 반응을 인지하다 보면 버스에서의 내 실수처럼 가벼운 깨달음을 얻을 수도 있지만 때로는 무거운 과거를 끌고 오기도 한다.

또 다른 개인적인 예를 들어보겠다. 어느 날은 버스 안에서 어떤 여자가 나의 신경을 건드리기 시작했다. 나와 전혀 관계없는 여자였고 그녀는 나에게 피해를 끼친 것도 아니었다. 그녀는 앞에 서 있었고 나는 버스 뒤쪽의 좌석에 앉아 있었다. 그녀의 얼굴은 왠지 모르게 걱정 근심이 가득해 보였고 두리번거리며 뭔가를 찾는 듯한 느낌이었다. 계속 보고 있자니 짜증스러운 답답함이 올라오는 것을 느꼈다. 그녀의 생김새와 겉모습만으로도 싫증이 났다. 그런데도 묘하게 눈을 뗄 수가 없었다. 그때 갑자기 깨어났다. '나 왜 이러는 거야?' 그 순간 하나의 문장이 머리에 번뜩 떠올랐다.

> "상대방은 자신의 마음의 거울이다."
> - 고이케 히로시, 『2억 빚을 진 내게 우주님이 가르쳐 준 운이 풀리는 말버릇』

그리고는 생각했다. '내가 나를 답답하다고 여기는 걸까…?' 이 생각이 머리에 스치자마자 걷잡을 수 없이 과거의 잔상들이 마구 떠올랐다.

"너는 왜 이렇게 살가운 구석이 없니?"

엄마가 나를 비난한다.

'나는 왜 이럴까? 이런 내가 너무 답답해! 왜 이렇게 표현을 못하는 거야? 나도 이런 내가 싫다고!'

그제서야 깨달았다. '아, 내가 나를 답답해하고 있었구나….' 내 눈에는 순식간에 눈물이 차올랐다. 과거의 나는 표현하고 싶었던 것이다. 그동안 내가 원했던 것은 방이 떠나가도록 울어 보는 것이었다. 내 마음이 오해를 받았을 때, 두려웠을 때, 상처를 받았을 때, 더 이상 울고 싶지 않을 때까지 울어 보고 싶었다. 그렇게 처음으로 나의 문제를 객관적으로 바라보게 됐고 문제가 보이자 해결책이 보였다. '울어도 괜찮아. 이제부턴 마음껏 울자.' 그때부터 눈물이 올라오면 그냥 울었다. 혼자 있을 때, 남자친구 앞에서, 부모님 앞에서, 울 것 같으면 울었다. 그 해방감이란! 만일 내가 무의식을 인지하지 못했더라면 어땠을까? 나는 그저 똑같이 감정적으로 행동했을 것이다. 버스에서 이유 없이 짜증 나는 여자를 보며 그저 답답해했을 것이다. 그녀에게 나를 투영하고 있다는 사실도 모르는 채 말이다.

하지만 무의식을 인지하면 내가 왜 그런 반응을 했는지를 알아차리고 들여다볼 수 있다. 나의 무의식적인 감정, 생각, 행동 뒤에는 전부 다 이유가 있다. 내가 '왜' 그런 행동을 했는지 알아야만 나를 깊이 이해할 수 있다. 현재의 순간에서 내가 어떤 감정적 반응을 일으키면 그저 알아차려라. 자신이 그런 반응을 했다는 것을 인지하면 된다. 처음에는 어려울 수 있다. 하지만 우리가 자전거, 수영, 피아노를 배우는 것과 똑같다. 하다 보면 점차 익숙하고 쉬워진다. 완벽히 깨어난 상태에서 나를 스스로 알아볼 수 있을 때, 그제서야 비로소 새로운 삶이 시작된다.

• 05 •

감정과 나를 분리하는 연습

"자신이 속에서 '안녕' 하고 말하는 게 들리는가?
물론 들린다. 지껄이는 목소리가 있고,
그 목소리가 지껄이는 것을 알아차리는 당신이 있다."
- 마이클 A. 싱어, 『상처 받지 않는 영혼』

어쩌면 당신은 이런 질문을 떠올렸을지도 모르겠다. "그래서 무의식 인지를 어떻게 하는 건데?" 무의식을 인지하는 것은 연습이 필요하다. 우리가 근력을 키우기 위해 운동하듯이 무의식을 '알아차리는' 근육도 필요하다.

알아차림은 매일 일상에서 일어날 수 있다. 예를 들어 날씨가 추울 때 당신은 몸을 바들바들 떨며 이렇게 말할 수 있다. “아 추운 거 진짜 너무 싫다. 지긋지긋해!” 바로 이 목소리를 알아차리면 된다. 당신은 자신이 날씨를 저항하고 있음을 알아차릴 수 있다. 그것을 알아차리는 순간, 당신은 무의식적인 반응에서 한 걸음 뒤로 물러나게 된다. 날씨를 ‘불평하고 있는 나’를 제3자의 입장에서 바라보게 되는 것이다. 그럼 ‘불평하는 나’와 그것을 ‘의식하는 나’사이에 ‘공간’이 생긴다. **그 공간에서부터 모든 평화가 싹트기 시작한다.** 그 순간 나는 관찰자의 입장에서 불평하는 나를 지켜볼 수 있게 된다. 무의식적으로 감정과 하나가 되어 짜증내고 투덜거리는 것과 그런 나의 상태를 ‘관찰’하는 것은 다르다. 의식이 들어오는 순간, 나는 상황을 파악할 수 있고 감정적으로 행동했던 이유를 객관적으로 살펴볼 수 있게 된다. 결국 나를 더 깊이 이해할 수 있게 되는 것이다.

알아차림이 어떻게 평화를 이끄는지 개인적이 예시를 들어보겠다. 주말에 한 번 15분만 낮잠을 잔다는 걸 무려 3시간을 자다 깬 적이 있었다. 그날 계획해 둔 일이 많았는데 전부 망친 것 같은 기분이었다. 그때 엄마가 같이 점심을 준비하자고 해서 부엌으로 나갔다. 잠에서 덜 깬 상태에다가 시간을 날렸다는 생각에 무기력하고 멍했다. 엄마는 그런 나를 보더니 말했다.

엄마: 이거… 이거. 이거 밑에… 이거랑 저거….

나: 무슨 말을 하는 거야 좀 정확하게 좀 말해!

엄마: 아니 이거 놓고 저거 놓으라고! 한두 번 하는 것도 아닌데 왜 이렇게 센스 없이 멍하니 서있어!?

나: 아니 왜 기분 나쁘게 그걸 가지고 센스 없다고 말을 해?!

순식간에 전쟁이 시작됐다. 누구 한 명도 절대 물러나지 않는 윽박지르기 대회가 열렸다. 목소리가 더 크고 더 못되게 말하는 사람이 이기는 이상한 게임이다. 나는 소리를 지르면서도 눈물이 왈칵 쏟아질 것 같았지만 예전의 습관처럼 억눌렀다. 그리고 그 사실을 순간 알아차렸다. '내가 또 감정을 억누르고 있네…?' 나는 곧장 화장실로 가서 올라오는 눈물을 쏟아냈다. 그러자 의식이 깨어나며 이런 생각이 떠올랐다. '직면하자…. 나 지금 왜 예민한 거지? 지금 내 안에 문제가 있어.' 그러자 눈물이 곧바로 멈췄다. '센스 없다는 말이 어때서? 내가 나를 센스 없다고 생각하지 않으면 화가 날 일이 아니잖아? 내가 지금 예민해. 내 마음이 지금 불안해. 왜 불안하지?' 나는 그 날 15분만 자고 강의도 듣고, 책도 읽고, 글도 쓰려는 생산적인 하루를 계획했었다. 근데 3시간을 자고 일어났으니 스스로 자책하며 예민해졌던 것이었다. 나의 상태를 이해할 수 있을 때쯤엔 감정은 이미 나를 떠나고 없는 상태였다.

식탁으로 다시 돌아가 앉아 부모님에게 말했다. "내가 지금 예민해. 내가 예민한 상태여서 엄마의 말들이 예민하게 들렸어." 그 말과 함께 우리 주위를 감싸던 긴장이 단숨에 증발해 버렸다. 나는 이어 말했다. "아까 낮잠을 너무 많이 자서 나 자신한테 짜증이 났어. 그때부터 예민해진 것 같아." 이 말을 내뱉자마자 마음이 시원하게 뻥 뚫리는 것을 느꼈다. 그리고 그제야 깨달았다. '정말 별것도 아닌 걸로 서로 화를 냈던 거잖아?' 언제 그랬냐는 듯이 평화가 찾아왔다. 만일 내가 중간중간 알아차리지 못했다면 어떻게 됐을까? 엄마랑 나는 끊임없이 말다툼하고 그 과정에서 감정도 격양됐을 것이다. 가슴을 관통하는 날카로운 말들을 서로 남발했을지도 모른다.

나는 센스 없다는 말에 순간적으로 '모욕감'을 느꼈다. 그게 나의 '감정'이었다. 하지만 감정에서 한 발짝 물러나면 내가 '왜' 그랬는지가 객관적으로 보인다. 나는 시간 관리를 제대로 하지 못한 나를 자책했고 그로 인해서 예민해졌다. 나의 행동의 근본 원인을 알게 되면 더 이상 감정적으로 행동할 필요가 없어진다. 감정에 이끌리지 않고 스스로 중심을 되찾을 수 있다.

감정은 우리를 강하게 끌어당기는 힘이 있다. 그 순간 감정과 내가 하나가 되어 우리는 감정적으로 분노하고, 불평하고, 비판한다. **바로 그 순간에 알아차려야 된다.** 내가 감정과 하나가 되었다는 사실을 알아차려라. 꼭 그 순간이 아니고 나중에 시간이 지나서 알아차려도 좋다. '아 그때 내가 두려워서 무의식적으로 그렇게 행동했구나!' 중요한 것은 알아차리는 능력을 점진적으로 키우는 것이다. 나중에는 인지하는 속도가 빨라지고 매 순간 깨어 있으면 모든 사건에 즉각적인 반응할 필요가 없어진다.

알아차리기 전에는 우리는 감정으로부터 통제력을 잃기 쉽다. 그저 감정에 휩쓸려서 말을 함부로 내뱉고, 선불리 행동하고 결정한다. 그렇게 감정에 이끌려 행동하고 후회한 적은 없었던가? '그때 이런 말 하지 말걸.', '조금만 더 차분히 알아볼걸.' 이런 후회를 하는 이유는 감정이 당신을 통해서 말하고 결정했기 때문이다.

감정에게 통제력을 넘겨주지 말자. **감정은 내가 아니다.** 나 또한 홧김에 한 말과 선택으로 후회한 적이 많다. 그저 알아차리면 된다. 당신이 무의식적으로 감정과 동일화된 바로 그 순간에, 알아차림이 들어설 수 있기를 바란다. 알아차렸다면 이제 감정을 허용하는 연습이 필요하다.

• 06 •

감정부터 허용하라

"두려움을 억누르기보다 이 감정들이 지나갈 때까지
있는 그대로 느끼는 걸 겁내지 않는 것이 더 중요하다."
- 아니타 무르자니, 『그리고 모든 것이 변했다』

감정은 나의 영혼과 대화할 수 있는 직접적인 통로다. 그동안 나는 누군가에게 질투하는 마음이 올라오면 그 감정을 느끼기 보다는 무의식적으로 반응했다. '저 사람은 운이 좋았네. 빽이 있는 거 아니야?' 이런 식으로 감정에 이끌린 생각과 행동만 할 줄 알았다. 완벽히 감정에 지배당했던 것이다. 하지만 감정을 느끼는 것과 감정적으로 반응하는 것은 엄밀히 다르다. 내 안에는 쉽게 질투를 느끼고 불안해하며 두려워하는 자아가 있다. 일반적으로 그런 자아가 올라오면 억누르고 외면하기 쉽다. 이유는 그 감정이 불편하기 때문이다. 하지만 그 감정조차도 어린아이처럼 달래 주고 바라볼 수 있다면 감정이 답을 알려 준다. 내가 정말 원하는 것이 무엇인지를 알게 된다. 이게 나의 내면아이의 감정이다. 그 감정이 무엇을 말하고 싶어 하는지 그 말에 귀를 기울이어야 한다.

성인이 되어서 온라인 사업에 대한 강의를 몇 차례 들었던 적이 있다. 한 번은 강의 도중에 강사가 어떤 질문을 던졌는데 질문이 끝나기 무섭게 학생 중 한 명이 답을 외쳤다. 그 학생이 그런 식으로 답하는 것을 나는 몇 번 봤다. 하지만 그 전에는 따로 생각해 본 적이 없었는데 그날은 유독 그 학생의 행동이 거슬렸다. '저 사람은 저런 식으로 잘난 척하는 걸 좋아하나 보네.' 순간적으로 이런 생각이 들었다. 그 사람의 행동을 무의식적으로 '잘난 척'한다고 판단하고 그에 대해서 불편함을 느꼈다. 사실 그 순간에는 내가 그런 상태에 있음을 알아차리지도 못했다. 시간이 조금 지나자 깨달았다. 나는 그 학생을 질투하고 있었다는 것을. 그때 곧장 질투심을 느끼는 내면아이의 목소리에 귀를 기울이기 시작했다.

'저 사람은 잘난 척하는 걸 좋아하네. 재수 없어. 당당하게 자기가 아는 것을 외치고…. 나도 저렇게 되고 싶다.'

그 학생에 대해서 느껴지는 불편한 감정을 그저 있는 그대로 허용했다. 그러자 결국 내가 원했던 건 그 사람의 당당한 모습이라는 걸 알게 됐다. 깨달음이 들어오자 질투라는 감정은 어느새 사라지고 없었다. 나에게는 알아차림만 남아 있었다. 나는 그동안 반에서 손을 번쩍 들고 말하는 것에 대한 두려움을 자주 느꼈다. 특히 캐나다로 유학 가면서 언어가 되지 않자 그 두려움은 더욱 심해졌다. 하지만 내 안에는 '당당해지고 싶다'는 욕구가 있었다. 조금 더 깊이 들어가 보자면 당당해지고 싶다는 건 자유로워지고 싶다는 뜻이다. 남들의 시선에 얽매이지 않고 내 생각을 당당하게 말할 수 있는 용기. 타인의 생각과 관계없이 내가 원하는 것을 선택할 수 있는 용기. 결국 내가 원하던 것은 자유였다. 우리가 자유라고 하면 경제적 자유 또는 시간적, 공간적 자유를 생각하기 쉽다. 하지만 진정한 자유를 위해 우리가 가장 먼저 해야 하는 것은, **감정 허용**이다.

감정 허용이란 무엇인가? 그저 내 감정이 올라오는 대로 내버려 두고 지켜보는 것이다. 감정은 생각을 만들어내거나 몸으로 표현된다. 예를 들어 '저 사람은 잘난 척하네'라는 생각은 질투라는 감정이 만들어낸 생각이다. 그 생각들을 그저 허용하고 바라보라. 그러다 보면 어느새 질투는 사라진다. 가벼운 질투는 몸으로 느껴지지 않을 수 있다. 하지만 분노는 온몸으로 느껴진다. 그럴 때 몸의 감각에 계속 집중하면 분노 또한 사라진다. 그때 진정한 감정 해소가 이루어지는 것이다.

지금까지 나는 내가 느끼는 생각과 감정을 쉽게 억누르거나 회피했다. 사회에 받아들여지지 않을까 봐 두려운 마음에 어떤 감정은 드러내고 어떤 감정은 꽁꽁 숨겨왔다. 예컨대 폭력적인 감정은 내 안에 존재하는 것만으로도 불쾌함을 느끼며 억눌렀다. '이런 감정은 느끼면 안 돼. 이런 생각은 하면 안 돼.' 하면서 말이다. 하지만 그렇게 억눌린 감정은 해소되지 않는다. 내 안에 그대로 쌓여서 언제 터질지 모르는 거대한 시한폭탄이 되어 버린다. 그러니 가장 먼저 해야 할 것은 불편한 감정조차도 '나'임을 받아들여야 한다. 먼저 인정하고 그다음에는 느껴 줘야 한다.

예를 들어 운전하고 있는데 앞에 다른 차가 끼어들면 순간적으로 폭력적인 생각이 올라올 수 있다. 그 순간에 올라오는 분노를 알아차리고 느껴야 한다. 무의식적으로 감정에 따라 '반응'하는 것이 아닌 분노가 **내 몸 안에서 어떤 느낌인지를 '느껴'보는 것이다.** 분노는 강력한 에너지다. 몸의 감각에 집중해 보자면 화가 나서 심장이 빨리 뛰고 얼굴에 열이 올라오는 것을 느낄 수 있다. 몸의 감각에 계속 집중하라. 그 순간 머릿속에는 차를 들이박고 싶은 생각이 떠오르기도 한다. 그 생각도 그저 허용하라. '내가 이런 생각을 하고 있구나.' 하면서 바라보면 된다. 그렇게 감정이 저를 표현하고 나를 스쳐 지나가도록 허용하면 된다. 허용하면, 감정은 나를 통해 지나간다. 그게 끝이다.

모든 감정이 동일하다. 두려움, 수치심, 질투, 누군가에게 보이기 부끄러운 은밀한 감정들까지도 그대로 허용하는 자세가 필요하다. 올라오는 대로 허용하고 몸으로 느끼면 된다. 감정은 옳고 틀린 것이 없다. 감정은 아무런 죄가 없다. 그저 존재할 뿐이다. 감정을 좋고 나쁘다고 구분 짓는 것은 오직 나이다. 좋은 감정은 집착하고 나쁜 감정은 억누르는 것도 바로 나이다. 억눌린 감정은 지속해서 올라온다. 김상운 작가의 『느껴주면 풀려난다』에 이런 구절이 있다. "'억눌러 버린다'는 건 '억눌러 계속 붙들고 있다'는 말이다." 결국 우리는 느끼기 싫어하는 감정을 내면에 계속 붙들고 있는 셈이다. 내 안에 감정이 있는 한, 나는 그 감정을 지속해서 느낄 수밖에 없다. 그렇게 분노가 내 안에 쌓여 있으면 지속적으로 분노를 느끼며 분개하고 원망하고 후회하기를 반복한다. 그건 감정을 다스리는 것이 아니다. 감정을 현명하게 다스리는 유일한 방법은 **감정을 끝까지 느끼는 것이다.** 그렇게 했을 때 비로소 감정이 해소되고 내 안에서 사라진다.

사실 이렇게나 단순한 걸 우리가 못하는 이유는 두 가지가 있다. 첫째, 우리는 어디서도 감정을 끝까지 느껴보라고 권유받지 못했다. 둘째, 감정을 제대로 허용했던 경험이 부족해서 감정을 두려워하게 됐다. 두려움을 두려워한다. 수치심, 열등감도 두려워한다. 그 감정들은 느끼면 불편하고 끔찍하다. 자신이 사랑하는 사람으로부터 버려진다는 상상을 해 보라. 그 감정은 너무 아프다. 그래서 우리는 순간적으로 감정을 억누르고 회피한다. 우리가 실제로 두려워하는 것은 사건 그 자체가 아니라 사건에 반응할 나의 '감정'이다. 청중 앞에서 발표하는 것이 두려운 이유도 발표 자체가 두려운 것이 아니다. '실수해서 망신당하면 어떡하지?'라는 생각이 우리를 두렵게 하는 것이다. 그리고 그 생각은 내 안에 억눌린 두려움이 만들어내는 것들이다. 어쨌든 이렇게나 감정이 두렵게 느껴지는 이유도 감정이 나라고 믿는 착각 때문이다. 감정은 내가 아니다. 이 사실을 알고 감정이 나를 지나가도록 허용할 수 있는 용기가 필요하다.

나의 감정을 용기 있게 마주할 수 있어야 타인의 감정도 두려워하지 않는다. 내가 그동안 타인의 의견과 반응에 그토록 민감했던 이유도 그들의 감정을 두려워했기 때문이다. 그들이 느끼는 감정이 비판적인 생각을 만들어 내고 그로 인해 나를 평가할 거라고 무의식적으로 믿어왔다. 왜냐하면 나의 감정도 똑같았으니까. 내가 언젠가 누구를 똑같이 질투하고 비판했기에 남들도 똑같이 반응할 거라 생각했다. 하지만 내가 나의 감정을 인정했더라면 어땠을까? 내가 나의 감정에 귀를 기울였더라면? 그러면 감정 뒤에 숨겨진 나의 욕구를 발견했을 것이고 그것 자체는 아무런 문제가 없다는 것도 깨닫게 된다. 고로 감정이 더 이상 두렵지 않게 된다. 그럼 타인의 감정도 두렵기보다는 공감과 연민만 느껴질 뿐이다.

세상은 그저 나의 내면의 거울이다. 내가 나의 감정을 허용하고 인정하는 순간, 타인의 감정도 허용하고 인정하게 된다. 하지만 내가 나의 감정을 평가하고 억누르는 순간, 타인의 감정도 똑같이 평가하고 외면하려 든다. 감정을 허용하면 더 이상 나의 감정도, 그 누구의 감정도 두려워할 필요가 없어진다. 이제는 어떤 감정도 비판 없이 바라볼 수 있게 된다. 감정은 그저 감정일 뿐, 내가 아니라는 사실을 가슴으로 느끼게 된다. 그때 우리는 비로소 진정한 자유를 느끼고 내면의 근원과 가까워질 수 있게 된다.

• 07 •

억눌린 감정들 다루기

"몸에 오랫동안 정체돼 온 에너지는
반드시 몸으로 느껴 주어야만 빠져나간다."
- 김상운, 『느껴주면 풀려난다』

"오빠는 쫑알쫑알 잘 얘기하는데 너는 오히려 반대야. 너는 진짜 특이해."

중학생 때부터 엄마에게 종종 들었던 말이다. 엄마는 나로부터 항상 수다스럽고 살가운 딸의 모습을 기대했다. 하지만 나보다는 오히려 오빠가 더 잘 떠들곤 했다. 나는 이런 말을 들으면 그런 오빠가 부러웠다. 어린 나는 엄마가 오빠를 더 사랑한다고 느꼈다. 그 생각이 나를 외롭게 만들었다. 그렇지만 단 한 번도 이 아픔을 엄마에게 내색해 본 적이 없었다. 나는 언젠가부터 엄마 앞에서 절대 울지 않았다. 목이 찢어질 듯 메여와도 바위를 삼켜내듯 눈물을 삼켜냈다. 엄마 앞에서 울면서 서운함을 토로하는 것보다 나를 자책하는 편이 더 편했다. '나는 도대체 왜 이럴까?'

최근 나이가 서른이 넘어서도 엄마와 함께 집으로 이동하는 중에 나에게 비슷한 말을 한 적이 있다. "오빠는 자기 얘기를 정말 잘해~ 근데 너는 그런 과는 아닌 것 같아." 조심스럽게 나의 눈치를 보며 엄마의 서운함을 표현하는 것처럼 느껴졌다. 비록 엄마가 내게 상처 주려는 의도가 아닌 건 알았지만, 그 말을 듣자마자 눈물이 왈칵 쏟아지려 해서 당황스러웠다. 이렇게 내 안에는 여전히 상처받은 어린아이가 존재한다.

나뿐만이 아니라 누구나 내면에는 상처받은 어린아이가 존재한다. 나이, 성별을 불문하고 우리는 모두 본질이 여리고 순수하다. 이것을 인정해야만 한다. 누구나 여린 가슴을 가지고 있다. 여리고 나약한 모습도 받아들여야 한다. 그렇기에 우리는 쉽게 상처받았다. 하지만 상처를 건강하게 느끼는 법은 배우지 못했다. 그러니 어렸을 적부터 유일하게 할 수 있었던 거라곤 감정을 외면하고 억누르는 것뿐이었다. 그렇게 상처받은 아이는 억눌렸다. 내 안의 억눌린 상처받은 아이는 나의 일상에서 무척이나 활발히 개입했다. 그렇게라도 자신의 존재를 드러내고 싶었는지 시도 때도 없이 튀어나왔다. 나는 '내 것'을 뺏길까 봐 늘 두려워했다. 일할 때도 나의 자료, 나의 실적을 남들에게 뺏길까 봐 금방 얼굴을 붉히고 심장이 두근거렸다. 연인의 사소한 말에도 금방 토라지고 서운해서 눈시울이 붉어졌다. 심지어 직장 상사의 대답이 평소와 다른 단답형이면 내가 뭔가를 잘못한 게 아닌지 눈치 보기 바빴다. 나의 마음을 알아주지 않아서, 또는 뺏길까 봐, 쉽게 두려워하고 분노하고 서운해했다.

나의 감정에는 아무런 죄가 없다. 그냥 지나갈 법한 사소한 일에도 이렇게나 민감하게 반응했던 것은 그만큼 **내 안에 억눌린 감정들이 많다는 뜻이다.** 감정은 반드시 해소되어야 한다. 감정은 에너지로서 순환이 되어야 하는데 억누르면 그것은 막혀 버린다. 그래서 감정은 해소되기 위해 지속해서 올라오게 된다. 감성도 당신으로부터 풀려나기를 바란다!

감정의 입장에서 한번 생각해 보자. 예를 들어 당신이 무슨 말만 하려고 하면 누군가가 "조용히 그냥 입 다물고 계세요." 하며 말을 잘라낸다. 기분이 상한 당신은 눈에서 레이저 빔을 쏘듯이 째려봐도 아무 소용이 없다. 당신은 완벽하게 무시당하고 있다. 기분이 어떻겠는가? 머리를 쥐어박고 싶을지도 모른다. 강력하게 반발하고 싶은 욕구가 올라올 것이다. 왜냐하면 당신은 존중받고 싶다. 감정도 마찬가지다. 감정도 존중받기를 원한다. 어떤 감정이든 잘못됐다고 판단하며 억누르는 것을 멈춰야 한다. 그러면 그럴수록 감정은 더욱더 거세게 반발할 뿐이다.

당신은 타인에게 어떤 대우를 받고 싶은가? 우리는 모두 존중받기를 바란다. 나의 모습이 어떻고, 생각이 어떻고, 원하는 것이 무엇이든 그 자체로 존중받기를 원한다. 그 대우를 남에게 행사하기 전에 '나에게' 먼저 베풀어야 한다. 내 안에 어떤 생각이 올라오고 어떤 감정이 올라오던 그것을 그냥 허용하고 존중하라. 특히 혼자 시간을 보낼 때 감정을 느껴보면 좋다. 감정이 스스로 표현하도록 허락하고 그것을 지켜

보라. 가끔은 눈물이 주체할 수 없이 쏟아지거나 화가 나서 소리를 지르기도 한다. 나는 그 모든 것을 허용한다. 그렇다고 해서 누군가 앞에서 감정을 마음껏 '분출'하라는 말이 아니다. 특히 분노와 같은 강력한 에너지는 그 속에서 '나'를 잃어버리기 쉽다. 그것은 감정에 지배당해 '끌려'간 거지 내가 '허용'한 건 아니다. **감정적으로 행동하는 것과 감정을 의식하고 허용하는 것은 다르다.** 감정적으로 행동하는 순간 그곳에는 '나'가 없다. 나는 이미 감정과 하나가 되어 감정이 내가 돼 버린 상태다. 하지만 감정을 '의식'하면 나의 자리를 지키면서 감정을 '관찰'할 수 있다. 그때는 감정이 내가 아니다. 감정은 나와 분리된 에너지 덩어리다. 나는 그 에너지를 **'관찰하는 자'**가 되는 것이다.

관찰자로서 감정을 관찰해보라고 말하고 싶다. 올해 여름에 공원에서 산책하는데 초등학생 남자아이가 아빠와 잡은 매미를 채집통에 넣어 유심히 관찰하는 모습을 봤다. 바로 그렇게 나의 감정을 관찰하면 된다. 감정이 어떤 생각을 일으키고, 어떤 신체 반응을 일으키는지 관찰해보라. 예를 들어 해야 할 일이 쌓여 있는데 하기는 싫고 다가오는 마감일에 대한 압박감을 느끼고 있다면 어떻게 해야 할까? 꼭 시험 일이 다가오면 안 하던 방 청소를 갑자기 하고 싶어진다. 아니면 오히려 유튜브를 보면서 더더욱 여유 부린다. 실제로 그렇게 행동했을 때는 이미 감정에 지배당한 상태라는 걸 알아차려야 한다. 그저 '감정적'으로 행동한 것이다. 그보다는 곧바로 하던 일을 전부 멈추고 감정 느끼는 일에 집중해 보자. 눈을 감고 그 감정이 몸으로 어떤 반응을 일으키고 어떤 생각들을 만들어 내는지 지켜보는 것이다.

나는 강력한 감정이 올라오면 바로 눈을 감고 느껴 보려고 한다. 무기력하고 업무에 대한 압박감과 회피하고 싶은 마음이 올라오면 나는 즉시 그 감정을 관찰한다. 눈을 감고 그 감정을 느껴 보자면 이렇다. 마감일에 대한 압박감으로 인해 심장이 조여 오는 것만 같다. 가슴이 답답하고 이성을 반쯤 잃은 아이가 내 안에서 느껴진다. 마치 눈에 불을 켜고 사방을 뛰어다니며 조급하게 뭔가를 찾아 헤매는 듯한 느낌이다. '다른 거! 내가 더 재미를 느낄 만한 거! 부담을 줄여 줄 만한 거!' 그 순간 정말로 뭔가를 찾아야만 할 것 같은 강한 충동이 올라온다. 그 충동마저도 느껴 본다. 그 감정이 내 안에 있음을 인정하고 그저 지켜본다. 그러면 그 아이는 어느새 사라진다. 불안함, 조급함, 무기력함은 해소돼서 더 이상 내 안에 존재하지 않는다. 나는 그 순간에 감정이 나를 '통과'해 간 것을 느낄 수 있다. 감정은 이미 나를 떠났다. 그러면 다시 뭔가에 집중할 힘이 생겨난다. 천천히 해야 할 일을 정리해 보고 계획을 세울 수 있게 된다. 그런 경험이 쌓일수록 가슴으로 깨닫게 된다. '아 감정은 내가 아니구나. 감정은 진짜 감정일 뿐이구나.'

분노 또한 마찬가지다. 개인적으로 뭔가를 집중하고 있는데 방해받는 상황에 쉽게 분노를 느낀다. 일단 감정은 아무런 죄가 없기에 분노가 올라오면 그저 느껴 본다. 눈을 감고 내 안에서 감정이 들끓고 있는 걸 느껴 보자면 이렇다. 미간이 찌푸려지고 어금니에 힘이 들어간다. 호흡이 가빠지고 얼굴에 열이 올라오는 게 느껴진다. 그리고 감정이 클라이맥스에 다다라 감정이 몸 밖으로 표현되면 이를 악물고 소리를 지르기도 한다. 이것이 내 안에 있는 분노와 살기라는 감정이다. 슬픈 감정보다 분노는 우리가 더 억누르기 쉽다. 그 감정은 살기가 있고 비이상적으로 느껴진다. 남에게 보여 주기 두렵다. 내가 느끼기에도 무섭다. 그래서 억누른다. 하지만 분노는 '나쁜' 감정이고 기쁨은 '좋은' 감정인 것은 아니다. 분노도 그저 수많은 감정 중 하나일 뿐이다. 분노가 우리를 지켜 주는 경우도 많다. 그러니 어떤 감정이든 편견 없이 똑같이 느껴 주는 것이 중요하다.

나의 경험상 대부분의 분노, 무기력, 질투, 조급함 등의 감정들은 깊이 들여다보면 두려움이나 결핍감이 근원이다. 남들보다 뒤처질까 봐, '내 것'을 잃을까 봐, 남들에게 인정받지 못할까 봐, 사랑받지 못할까 봐 두렵다. 그래서 감정을 허용하다 보면 분노로 시작해서 두려움이 올라오고 자신의 무력함을 마주하며 눈물을 통해 해소될 때가 있다. 감정 해소는 대부분 20분 내로 되지만 어떤 감정은 며칠이 걸릴 수 있다. 그저 현재 내가 느끼는 감정에 끝까지 충실하면 된다. 지금 당신이 느끼는 감정이 슬픔이라면 그냥 슬픔과 함께 있어라. 기쁨이라면 기쁨을 만끽하라. 괴로움도 저항하지 말고 괴로워하라.

우리가 생각하는 모든 부정적인 감정들(두려움, 분노, 질투, 수치심, 의심), 그것 또한 나의 일부이다. 사회는 인정하지 않더라도 나만큼은 그 감정을 인정해야 한다. 그래야 내가 자유로워질 수 있기 때문이다. 내 안에 올라오는 부정적인 감정을 알아차리고 느꼈을 때야만 억눌린 감정은 해소되고 내 안에서 풀려난다. 그러면 어떤 감정도 다음 순간으로 가져갈 필요가 없어진다.

많은 사람들이 한 달 전 또는 몇 년 전에 일어난 일을 여전히 가슴속에 원망으로 품고 있다. 나 또한 그랬다. 그게 여전히 원망으로 남아 있는 이유는 그때 느꼈어야 할 감정이 해소되지 않았기 때문이다. 그럴 때는 원망하는 마음을 있는 그대로 느껴 줘야 한다. 왜 원망하고 있는가? 상처받았기 때문이다. 왜 상처받았는가? 존재로서 존중받지 못했고 그래서 열등감을 느꼈다. 그 열등한 자아를 끝까지 느껴봐야 한다. 열등하다는 생각은 불편하고 아플 수 있다. 하지만 그것을 제대로 해소하지 않으면 쌓여 있는 감정은 지속해서 올라온다. **억눌린 감정은 해소되기 위해 무조건 올라온다.** 억눌린 열등감이 당신에게 어떻게 올라오는지 아는가? 열등감을 느낄만한 상황이 당신 앞에 계속 펼쳐짐으로써 올라오게 된다. 당신이 알아야 할 우주의 법칙 하나가 있다. 당신이 열등감을 내면에 쌓아 놓을수록, 열등감을 느낄만한 상황이 계속 펼쳐질 것이다. 누군가가 당신보다 먼저 승진하고, 사랑하는 사람에게 버려지고, 비교당하며 무시당하는 상황이 생긴다.

나는 열등한 나를 받아들이는 것이 너무 힘들었다. 그래서 나에게는 열등감을 느낄 만한 상황들이 계속 발생했다. 해소되어야 할 감정이 남아 있기 때문이다. 나에게 어떤 불편한 일들이 반복될 때는 **내 안에 어떤 감정이 남아 있는지 '나'를 들여다봐야 한다.** 만약 당신에게 계속 마음이 조급해지는 상황이 반복된다면, 당신 내면에 불안함에 떨고 있는 자아를 느껴 줘야 한다. 그 자아는 빠르게 결과를 내야 한다며 재촉하고 불안해할 것이다. 안 그러면 뒤처질 거라고, 무시당할 거라고 당신을 재촉한다. 하지만 이건 모두 감정이 만들어 내는 생각들이다. 애초에 그런 감정이 당신 안에 없었더라면 이런 생각조차 들지 않았을 것이다. 그러니 불편한 상황이 계속 반복되면 '아! 내 안에 해소되지 못한 감정이 있어!' 하고 나를 들여다볼 수 있는 기회로 받아들이길 바란다. 불편한 상황은 억누른 감정을 다시 작업할 수 있는 더없이 좋은 기회이다.

우리의 무의식 속에는 오랜 시간 동안 억누른 감정들이 어마어마하게 쌓여 있다. 그 감정들은 너무 아팠다. 그래서 우리는 회피하거나 억누를 수밖에 없었다. 하지만 걱정할 필요 없다. 아무리 오래된 감정일지라도, 우리는 해소할 수 있다. 지나간 일을 다시 불러올 수는 없어도 기억 속에 묶여 있는 감정은 언제든지 다시 불러와 작업할 수 있다. 물론 시간이 걸린다. 수십 년 동안 방치되어 온 폐가를 깨끗한 집으로 만들려면 시간이 걸린다. 마찬가지로 그동안 방치해온 감정을 단번에 해소한다는 건 말이 안 된다. 하지만 감정을 작업할 수 있는 기회는 당신에게 무한으로 찾아올 테니 걱정하지 마라. 감정은 계속 올라온다. 그때마다 곧장 느끼고 해소하라. 당신은 그럴 수 있다. 그저 저항하지 말고 감정이 올라오는 대로 허용하면 된다.

또 다른 좋은 소식도 있다. 억누른 아픈 감정들이 있다는 건, 그 반대의 감정도 느낄 수 있다는 뜻이다. 우리는 불편함을 겪어 보지 않고 편안함을 경험할 수 없다. 휴가가 주는 특별함이 존재하는 이유는 일상의 따분함이 존재하기 때문이다. 그러니 우리가 소위 말하는 부정적인 감정은 사실 선물이나 마찬가지다. 나는 아픔을 경험해 봤기에 사랑을 느낄 수 있다. 그것뿐만이 아니라 아픈 과거를 경험했기에 남들에게도 공감도 할 수 있다. 그러니 아파서 억눌렀던 감정들을 작정하고 느껴 보기를 바란다. 느끼면 해소된다. 그러면 우리는 자유로워지고 감정에 '이끌린' 삶이 아닌 진짜 '나다운' 삶을 살 수 있다.

• 08 •

삶의 스승은 죽음이다

> "나는 과거 영겁의 세월 동안 세상에 없었고,
> 앞으로 다가올 영겁의 세월 동안에도 세상에 없을 것이다.
> 지금 잠깐 존재하는 것뿐이다."
>
> - 황농문, 『몰입』

"스마트스토어 무자본 창업으로 순수익 월천 벌다."

유튜브에서 이런 비슷한 문구를 보고 혹했다. 그때 마침 스마트스토어에 관심이 쏠릴 때였다. 요즘에는 N잡의 시대라고 했던가. 나도 부업을 통해서 돈을 벌어 보고 싶었다. 하지만 그 배후에 진짜 의도는 '월 천'을 벌어서 가족과 다른 사람들에게 인정받고 싶은 욕망이었다. 그래서 300만 원짜리의 스마트스토어 강의를 과감하게 끊었다. '어차피 나는 월 천을 벌게 될 텐데 3백만 원은 아깝지도 않지!' 그때만 해도 내 안에는 열정이 불타오르고 있었다. 이미 월 천을 벌고 있는 나 자신을 상상하며 행복한 망상에 빠져들었다. 월 천을 벌게 되면 회사에서 당당하게 "안녕히 계세요 여러분~"을 실제로 실천할 수 있었다! 그 생각만으로도 심장이 기쁨의 브레이크 댄스를 추는 것만 같았다. 그러면 나는 시간적, 경제적 자유를 모두 얻게 될 것이었다! 원할 때 여행도 마음껏 떠나고 부모님에게 명품도 사 주고 차도 사 주고 싶었다. '나를 능력 있는 사람으로 모두가 인정해 주겠지?' 인스타그램에 자랑도 하고 친구들은 나를 부러워하고. 얼마나 행복할까?

이게 과거의 내가 생각했던 행복이었다. 어쩌면 그런 상상을 진짜처럼 계속 믿었더라면 실제로 스마트스토어로 월 천을 벌었을지도 모르겠다. 하지만 마음공부를 할수록, 그리고 나에 대해 알아갈수록 그것이 내가 진짜 원하는 것이 아님을 알게 됐다. 나의 의도가 바뀌게 된 것이다. 지금은 누군가의 인정을 받기보다는 진짜 내가 행복해지고 싶다는 욕구가 더 커졌다. 그러기 위해서는 내가 진심으로 심장이 뛰는 일을 해야 했다. 하지만 남들이 다하는 대로 학창 시절을 보냈고, 대학교에 갔고, 회사에 취업해서 일했다. 그러다 보니 내가 하고 싶은 게 무엇인지 도통 알 수 없었다.

그러던 나에게도 꿈이라는 것을 찾은 순간이 있었다. 『비상식적 성공 법칙』을 읽는데 이런 질문이 나왔다. "앞으로 6개월밖에 살지 못한다면 나는 무엇을 해야 할 것인가?" 나는 곧장 공책을 꺼냈다. 그리고 눈을 감고 상상해 봤다. '내가 6개월 뒤에 죽는다면….' 그러자 가장 먼저 떠오른 것은 여행이었다. 공책에 여행을 적었다. 근데 여행을 6개월 내내 할 것은 아니었다. 3달 여유롭게 여행을 다니고도 3달이 남았다. 가족들과 친구들과 시간도 보내고 싶었다. 그렇게 내가 사랑하는 사람들과 시간도 충분히 보냈다. 그러다 보니 마지막 1~2달이 남았다. 눈을 감고 더 몰입해 보려고 했다. '1달 뒤면 나는 이 세상을 떠난다. 더 이상 가족을 볼 수도 없고 나는 세상에서 사라질 것이다….' 그때 바로 '나의 흔적을 남기고 싶다'라는 생각이 불쑥 올라왔다. 그리고 그 순간 난생처음으로 '책을 쓰고 싶다'라는 욕구가 알을 깨고 탄생했다. 나는 눈을 번쩍 떴다. 그 생각이 들자마자 내 안에 또 다른 자아가 '유레카!'를 외치는 것만 같았다. 나는 책을 쓰고 싶었다! 그리고 강연도 해 보고 싶었다! 내가 인생에서 배운 것들을 사람들과 나누고 싶었다. 돈을 받지 못하더라도 죽기 전에 그것만은 하고 싶었다.

그렇게 나는 '작가'라는 꿈을 갖게 됐다. 예전부터 복잡한 감정으로 잠들지 못하는 밤에는 이불을 박차고 일어나 종이와 펜을 꺼내 무작정 글을 써 내려갔다. 글쓰기가 나를 치유해 준다는 것은 이미 알고 있었다. 블로그를 시작한 뒤에도 글 쓰는 것이 한 번도 힘들게 느껴진 적은 없었다. 그렇다고 작가가 될 생각은 한 번도 하지 못했다니! 계속 돈 벌 궁리만 하던 내가 이번에는 진짜로 내가 하고 싶은 일을 찾았다. 그리고 정말 순수한 의도로 작가가 되고 싶다고 생각하니 그것이 현실이 됐다. 작가가 되고 싶다는 생각은 있었지만, 막상 어떻게 해야 하는지는 알지 못했다. 근데 놀라울 정도로 모든 것이 알아서 펼쳐졌다. 내가 애써서 찾지도 않았는데 책을 쓰는 데 도움을 주는 사람들이 곁에 등장했다. 든든한 출판사와 계약까지 완료하며 책을 쓸 수밖에 없는 상황이 만들어졌다. 그렇게 내가 지금 이 책을 쓰고 있는 것이다. 이 모든 과정에서 원하는 결과를 얻지 못할까 봐 마음을 졸이거나 불안함을 느낀 적은 없었다.

그저 순수한 의도를 품었다. 그 의도는 나의 표면의 에고에서 나온 것이 아니었다. 그보다 더 깊은 곳, 나의 영혼이 품은 것이었다. 나는 그 차이를 너무 명확하게 알 수 있었다. 내가 작가가 될 거라는 확신을 가졌을 때, 나는 한 번도 경험해 본 적이 없는 에너지를 내 안에서 느꼈다. 마치 평생 동안 움츠려 있던 나의 영혼이 거대한 날개를 펼치고 단번에 우주까지 솟아오르는 기분이었다. 그 감정은 기쁨이라는 단어 그 이상이었다. 진짜 내가 원하는 것을 찾았다는 것, '나의 꿈'을 가졌다는 것. 그것은 진정한 해방이었다.

꿈이 생기면 삶을 바라보는 시선이 온통 설레는 감정으로 바뀐다. 영감이 없던 삶에서 생기가 흘러넘치게 된다. 진정으로 삶에서 내가 하고 싶은 일이 생긴 것이다. 매일 쳇바퀴처럼 굴러가는 일상을 마지못해 보내는 것과는 차원이 다르다. 남들이 다하니까 하는 것이 아니다. 그저 사회에 받아들여지기 위해 억지로 하는 것도 아니다. 내 안에서 순수하게 하고 싶어 미치겠다는 열정이 느껴지는 일이다. 그 일이 무엇이든 상관없다. 돈을 벌 수 있는 일인지, 남들이 인정해 주는 일인지는 중요하지 않다. '내가' 원한다는 것. 나의 영혼이 나를 재촉하고 있다는 것. 그것만큼 인생에서 확실한 답은 없다.

그걸 하면 된다. 내가 하고 싶은 일. 그저 그 일을 즐기면서 하면 된다. 결과는 신경 쓰지 말자. 그것이 무엇이든 할 수 있음에 감사함을 느끼면서 하자. 우리는 모두 각자만의 악기를 가지고 태어난다고 한다. 자기 악기가 무엇인지 찾기를 바란다. 그리고 세상에 당신의 악기의 소리를 들려주자. 세상은 당신의 음악을 듣고 싶어 한다. 어떤 일을 하는 것을 상상만 해도 기쁨이 넘치고 설렌다면 그 일을 해라.

진지하게 상상해 보라. 당장 죽음이 코앞에 와 있다. 당신도, 가족도, 친구들도 이제는 당신의 죽음을 받아들인 상태이다. 당신은 죽음을 앞두고 온전하게 고요한 혼자만의 시간을 갖게 됐다. 마지막으로 눈을 감기 전, 후회가 남지 않도록 꼭 한번 해 보고 싶었던 일은 무엇인가? 당신이 원하는 것을 할 수 있는 마지막 기회이다. 당신은 남은 기간에 어떤 걸 하고 싶은가?

지금 당장, 나를 사랑하기 위한 여정
: 알아차림

1. 인생의 진짜 의미는 '나의 삶을 경험하는 것'이다. 남들이 원하는 삶이 아니다.
2. 당신은 무한한 가능성이다. 규정으로부터 자유로워지고 모든 가능성에 마음을 열어라!
3. 타인의 의견이 아닌, 내가 원하는 것에 귀를 기울이라. 내면의 청력을 기르는 것이 중요하다.
4. 0.1초 만에 반응하는 무의식적인 감정과 생각들을 알아차려라. 무의식 인지가 최우선이다.
5. 감정은 내가 아니다. 감정을 나와 분리해서 '관찰'하라. 감정이 나의 몸에서 어떻게 감각이 되는지 눈을 감고 느껴보라. 감정은 느껴야 해소된다.
6. 죽음 앞에서 당신은 진정으로 후회가 없을지 스스로 물어라. 후회하지 않으려면 무엇을 하고 싶은가?

2장

받아들이면 변화가 찾아온다
: 받아들임

"그저 삶에게 내맡겨라. 삶은 우리보다 훨씬 더 위대하다. 그저 흘러가도록 내버려 두는 것이다. 알아서 펼쳐지도록 믿고 그냥 두어라."

• 01 •

부모님의 행복은 나의 책임이 아니다

"'나를 싫어하지 않았으면 좋겠다'라고 바라는 것은 내 과제야.
'나를 싫어하느냐 마느냐' 하는 것은 타인의 과제고."
- 기시미 이치로, 고가 후미타케, 『미움받을 용기』

어렸을 적, 정확히 기억 안 나지만 엄마의 친구가 나를 보며 이런 말을 했었다. "예리 주워 온 거 아니야~?" 어렸을 적에 어른들끼리 '다리 밑에서 주워 온 아이'라는 농담을 자주 했던 기억이 있다. 농담이었겠지만 어린 나에게는 그 말이 충격적이었다. 그때부터 내 안에는 '내가 주워 온 아이인가?'라는 의심의 씨앗이 심어졌다. 엄마에게 사실 여부를 물어봤을 수도 있겠지만 그렇게 하지 못했다. 그게 만일 사실이라면 나는 사실을 마주할 용기가 없었기 때문이다. 농담을 농담으로 받아들일 수 없을 만큼 순수하기도 했지만, 자신에 대한 확신도 부족했다. 내가 주워 온 아이라면 다시 버려질 수 있다고 생각했을까? 나에게 가장 중요한 건 부모님의 사랑을 받는 것이었다.

부모를 존경하고 효도해야 한다고 배운 나는 부모님을 행복하게 해야 한다는 책임감을 느꼈다. 그리고 그것이 부모의 말을 따르고 반항하지 않는 것이라고 배웠다. 비록 부모님의 뜻이 내가 원하는 것이 아니어도 말이다. 그렇게 자란 나는 성인이 될 때까지도 큰 말썽을 피워 본 적이 없다. 부모님이 싸우기라도 할 때면 심장이 요동치며 날뛰었고 인내하기 힘든 공포를 느꼈다. 잘못한 것도 없는데 나한테 화가 돌아올까 봐 무서웠다. 그 상황을 어떻게 대처해야 할지 몰라서 두려웠다. 그냥 얼어붙었다. 두려움을 느끼면서도 부모님을 화해하게 만들기 위해서 내가 나서야 한다는 책임감과 부담감을 느꼈다. 그래서 어느 날은 부모님이 다툰 후 잠든 사이에 편지를 쓰고 잠든 적이 있다. 물론 그날은 거의 잠들지 못했다. 그 정도로 부모님의 행복은 나의 책임이라고 믿었다. 부모님이 불행하면 내가 부족해서 그런 거로 생각했다. 이 모는 것이 '부모의 행복이 나에게 달려 있다.'라는 무거운 신념으로 비롯된 것이었다. 자유로워지기 위해서는 바로 그 신념을 내려놔야 했다.

『미움받을 용기』에서는 과제의 분리가 필요하다고 말한다. "'이것은 누구의 과제인가'라는 관점에서 자신의 과제와 타인의 과제를 분리할 필요가 있네." 예를 들어 내가 누군가의 부탁을 거절해야만 하는 상황일 때, 상대방이 상처받을까 봐 거절을 어려워하곤 했다. 하지만 나의 거절이 상대방에게 '어떻게' 받아들여질지는 상대방의 과제이지 나의 과제가 아니라는 것이다. 상대방의 기분 상태까지 내가 고려할 필요가 없다는 뜻이다. 나의 거절이 미치는 결과를 최종적으로 받아들여야 하는 사람은 내가 아니기 때문이다. 그러니 우리는 때로는 냉정한 분리가 필요하다.

내가 지금까지 부모의 행복에 간섭했던 이유도 그들의 과제와 나의 과제를 분리하지 못해서였다. 그저 부모의 기대에 부응하기 위해 노력하기 바빴다. 그래야만 그들이 행복해지고 내가 사랑받을 수 있을 거라 믿었다. 그렇게 '좋은 딸'이 되려고 노력했다. 하지만 그럼으로써 '나'라는 존재는 억눌렸다. 나는 내가 무엇을 원하는지 몰랐고, 그래서 딱히 하고 싶은 것도 없었다. 그냥 남들보다 우월해지고 싶다는 욕구 말고는 내가 진정으로 좋아하는 일이 무엇인지 몰랐다. 그렇다면 도대체 나는 무엇을 위해 사는 걸까? 그저 부모님에게 효도하려고 태어난 걸까? 남들한테 인정받으려고? 그러라고 부모님은 나를 낳았을까? **우리는 모두 각자의 고유한 삶을 경험하기 위해 태어났다.** 그 삶을 살지 않으면 우리는 계속 고통받고, 병을 앓고, 막심한 후회를 할 수 있다. 그러니까 자기 삶을 살아라.

그리고 부모님은 행복했다고 말하라! '내가' 부모님의 행복을 책임져야 한다는 믿음에서 벗어나자! 당신은 결코 그러려고 태어난 것이 아니다. 그저 자신만의 삶을 경험하려고 이곳에 온 것이다. 부모님도 마찬가지다. 그들은 자신만의 우주를 창조해 가면서 삶을 살아가는 독립적이 존재이다. 부모님의 역사는 나의 역사보다 깊다. 부모님은 자신의 우주에서 스스로 나아갈 힘이 있다는 것을 잊지 말자. 부모님뿐만이 아니라, 주변의 친구들도, 회사 동료도, 나의 자녀도 똑같다. 우리는 모두 자신의 우주를 창조하고 변화시킬 힘이 있다. 더 이상 상대방의 행복을 위해 나를 잃지 않기를 바란다.

결국엔 그것이 나와 가족을 더욱 힘들게 할 뿐이다.

• 02 •

먼저 찌질한 못난이가 되어라

"우리는 결점이 드러날 수 있음을 기꺼이 받아들여야 한다.
우리는 기꺼이 인간이 되려 해야 한다."

- 챗GPT, 재스민 왕, 이안 토머스,
『챗GPT 인생의 질문에 답하다: 6천 년 인류 전체의 지혜에서 AI가 찾아낸 통찰』

내 안에는 버림받을까 봐 두려움에 벌벌 떨고 있는 자아가 있다. 나는 나약하고 불완전하다. 하지만 그것 또한 나의 본질임을 오랜 시간 동안 부정하며 살았다. 나는 멍청해 보이기 싫었고 나약해 보이기 싫었다. 심리적으로나 경제적으로나 항상 안정적인 상태에 있고 싶었다. 정확히 말하면 그렇게 '보이고' 싶었다. 배려심 깊고, 능력 있고, 여유로운 사람으로 보이길 바랐다. 한마디로 누가 봐도 '강자'이고 싶었다.

그리고 실제로도 나는 강자일 때도 많았다. 일도 잘하는 편이었고 세계 어떤 사람을 만나도 곧잘 친해지고 대화를 잘하는 편이었다. 인상이 좋다는 이야기도 많이 들었고 주변에는 좋은 사람들이 정말 많았다. 하지만 어떤 칭찬을 듣더라도 내 안에는 나를 의심하는 목소리가 들렸다. 잠깐 나에 대한 애정이 급속도로 충전되었다가 금방 방전되는 오래된 배터리 같았다. 결국 나는 강자의 대우를 받았던 순간에도 그것을 인정하고 만끽하지 못했다. 받아들이고 감사할 줄도 몰랐다. 그 이유는 내 안에는 여전히 나를 약자로 바라보는 무의식이 존재했기 때문이다. 내 안에는 내가 억누른 나약하고, 구질구질하고, 집착하는 자아가 있었다. 그 자아를 인정하지 못했다. 그만큼이나 자존심이 셌고 내가 약자라는 사실을 받아들이기 힘들어했다.

어렸을 때부터 엄마에게 야단맞고 아무리 모진 말을 들어도 아무렇지 않은 척했다. 그때 진짜 나를 허락했더라면 나는 아마 울고불고 엄마에게 매달렸을 것이다. "엄마 미안해 내가 잘못했어. 제발 나 좀 안아 줘." 하며 안달복달했어야 했다. 그게 나의 진짜 심정이었다. 그게 나의 진짜 모습이었다. 사랑을 갈구하는 모습. 혹시나 사랑을 잃을까 봐 불안해서 아무 일도 손에 잡히지 않는 모습. 뭐라도 부여잡고 싶은 심정으로 자존심 따위는 버리고 간절하게 매달리는 애절함. 그게 내 안에 억눌린 진정한 약자의 모습이었다.

이 모습을 '인지'하는 것 자체가 오래 걸렸다. 인지부터 할 줄 알아야 인정할 수 있다. 근데 인지조차 못했으니 스스로 고통을 만들면서도 알지 못하는 무의식적인 삶을 살았다. 약자를 인정하지 않으니 그 자아는 삶에서 수시로 튀어나왔다. 약해 보이는 건 싫고 그러면서도 비난받는 건 두려우니 당당하게 행동하지도 못했다. 쿨한 척해놓고 뒤에서는 사람들의 반응을 눈치 봤다. 왜소해 보이는 나의 몸이 싫었다. 사소한 것 하나에도 만만해 보이고 싶지 않아 노력했다. 20대 때는 일부로 화장을 진하게 하고 차가운 무표정으로 다녔다. '다가가기 힘들고 함부로 대할 수 없는 이미지'를 만들고 싶어 했다. 아무래도 '시크 공주병'에 걸렸던 것 같다. 부끄럽지만 이것이 나의 과거의 고백이다. 나는 그저 나로서 존재하는 것이 아닌 특정한 '정체성'을 만들고 싶어 했다.

내가 진정으로 내면의 약자의 모습을 인정하게 된 것은 마음공부를 시작한 뒤로부터다. 약자와 강자는 분리된 것이 아님을 깨우쳤다. 열등함과 우월함도 사실은 동전의 양면처럼 '하나'였다. 이 내용에 대해서는 다음 장에 더 구체적으로 작성할 예정이다. 결론은 나는 약자이자 강자였다는 사실이다. 사람들은 대부분 강자이길 원하지, 약자이길 원하지 않는다. 하지만 우리는 매 순간 모든 곳에서 강자일 수 없다. 그 누구도 그럴 수 없다. 그 이유는 일단 첫 번째, 나보다 우월한 사람은 무조건 존재한다. 나는 절대 모든 면에서 누구보다 더 우월할 수 없다. 사실 우리는 모두가 다 동등한 존재이다. 두 번째, 약자와 강자는 결국 하나이기 때문이다. 내가 약자를 완벽하게 느낄 수 있어야 강자를 느낄 수 있는 것이 우주의 법칙이다. 나는 약자의 자아가 느낄 법한 감정을 억눌러왔다. 그러다 보니 강자의 위치에 있을 때도 강자의 감정을 느끼지 못했다. '내가 과연 이런 걸 가르쳐도 될까? 내가 뭐라고….', '나보다 훨씬 훌륭한 사람들이 많은데….' 머뭇거리며 다시 한번 비난받을까 봐 두려운 감정이 올라와 숨으려고 했다. 강자이길 바라면서도 정작 판을 깔아 주면 진정한 강자가 되지 못했던 것이다.

어떤 사람들은 반대로 더 권위적이고 강압적으로 행동한

다. 그것 또한 무의식은 자신을 강자라고 믿지 않기 때문에 나오는 행동이다. 내가 강자라는 걸 증명하기 위해 억지로 위압감을 조성하고 과장된 행동을 취하는 것뿐이다.

반대로 약자와 강자를 구분 없이 전부 다 느낄 수 있는 사람이라면 어떨까? 회사의 임원 중 한 명이 떠오른다. 그분은 필요에 따라 부하 직원에게 부탁하고 설득하는 사람이었다. 그러면서도 바로잡아야 할 것은 똑바로 잡으며 단호하셨다. 나는 그분이 필요에 따라 약자였다가 강자였다가 할 수 있는 사람이라 생각했다. 이렇게 약자를 온전히 인정하면 아무런 저항감 없이 상황에 따라 약자가 될 수 있다. 동시에 리더의 위치에 있을 때는 상대방의 반응을 눈치 보지 않고 단호하게 조직을 이끌 수 있다. 그렇게 사는 삶은 순조롭다. 더 이상 숨기고 지켜야 할 '정체성'이 없기 때문이다.

모든 것에는 장단이 있듯이 약자일 때 얻는 장점도 있다. 나는 약자인 나의 일부를 외면함으로써 약자가 가지는 장점은 보지 못했다.

최근에 '무해력'이라는 신조어를 알게 됐다. '무해하다'라는 단어는 작고 귀여워서 해가 없는 것들을 일컫는다. 그렇게 '지극히 연약한 존재가 갖는 어마어마한 힘'이 바로 무해력이다. 배우 마동석은 세상에서 제일 무서워하는 게 병아리라고 한다. 주먹 한 방이면 악당이 기절해 버리는 불주먹의 소유자 마동석도 겁내는 것이 있다. 바로 병아리의 '무해력'이다.

나는 언제나 작고 왜소한 나의 몸이 불만이었다. 그러므로 '무해력'에 대해선 알지 못했다. 물론 내가 작고 사랑스럽다고 책에다 공개적으로 쓰려는 의도는 아니다. 내가 생각하는 약점도 그것을 받아들이면 강점이 될 수 있다는 말이다. 그것을 인정하는 순간, 약점이 가지는 가치를 깨닫게 되고 진정으로 자유로워질 수 있다. 더 이상 무엇인가를 숨기고 애쓸 필요가 없어진다. 하지만 그러기 위해서는 내가 콤플렉스라고 느꼈던 부분의 열등감을 완벽하게 인정해야 한다. 그 누구도 장점만 가지고 있거나 약점만 가지고 있지 않다. 우리는 모두가 장점과 약점을 동시에 가지고 있다. **그러니까 완전한 것이다.** 나의 모든 모습을 받아들일 수 있어야 긴장하지 않고 인생을 즐기며 살 수 있다. 자신을 평가하지 않고 온전히 받아들일 수 있을 때, 상대방도 비판하지 않고 있는 그대로 존중할 수 있다.

내가 만약 엄마의 바짓가랑이를 붙잡고 울고불고 매달렸으면 엄마는 곧장 나를 부둥켜안고 미안하다고 했을 것이다. 약자가 느끼는 아픔을 온전히 느끼고 울었다면 엄마는 그것을 감지하고 사랑으로 보듬어 줬을 것이다. 그 사랑이 나에게 오지 못하게 막고 있었던 건 다름이 아닌 바로 나 자신이다. 한 번도 엄마에게 어린 나의 아픔을 표현하지 않았다. 약자이기를 온몸으로 거부했다. 그러면서 사랑받지 못했다고 엄마를 원망했다. 여전히 엄마 앞에서 오랜 시간 동안 쌓아온 울컥함이 올라올 때가 있다. 하지만 이제는 기꺼이 약자가 된다. 성인이 되었어도 어린아이처럼 울면서 엄마에게 서운함을 표현한다. 바로 나의 무해력을 발휘하는 순간이다.

그러니 강자가 되기 전에 약자의 감정을 먼저 느껴 보기를 바란다. 우리는 누구나 나약하고 불완전하다. 그 사실을 인정하고 그 자아가 가지고 있는 온갖 불안함과 두려움을 흔쾌히 느껴 보는 것이다. 그렇게 했을 때 언제든지 약자와 강자를 넘나들며 두 자아를 자유롭게 상황에 맞게 활용할 수 있다.

• 03 •

불행이 없으면 행복은 없다.

> "풍족함을 얻으려고 하면 원하는 것뿐만 아니라
> 원하지 않는 것도 받을 각오를 해야 합니다."
> - 고코로야 진노스케, 『돈이 따르는 엄마 돈에 쫓기는 엄마』

최근에 내가 사는 아파트에서 주민 투표를 진행했다. 원래 우리 아파트 단지에는 게이트가 없었는데 그것을 만드는 것에 대한 찬/반 투표였다. 크게 관심을 두지 않아서 결과를 확인하지는 못했지만, 어느 날 없던 게이트가 생긴 걸 보니 과반수가 찬성한 듯하다. 게이트가 생기는 순간 '우리'와 '그들'의 공간이 명확하게 분리됐다. 나도 원래 같으면 게이트 설치에 찬성했다. 주민이 아닌 사람들이 우리 아파트 단지의 시설을 누리면 불만을 품었을 것이다. 하지만 게이트 투표를 보고 처음으로 이런 생각을 하게 됐다. '게이트 설치하는 게 무슨 의미일까? 어차피 우주의 차원에서 보면 모든 게 하나인데.' 생각해 보면 외부인이 할 수 있는 거라곤 아파트 단지를 가로질러 조금 더 빨리 갈 수 있는 것뿐이다. 그래도 게이트 설치에 찬성했던 사람들을 진심으로 이해한다. 그만큼 우리는 분리하는 것에 익숙해져 있다.

우리는 이원성의 세상에 살고 있다. 흑과 백, 증오와 사랑, 남자와 여자, 약자와 강자, 너와 나, 네꺼와 내꺼, 우리와 그들. 이처럼 상반되는 근본을 기준으로 우리는 세상을 분리해서 생각한다. 예컨대 너와 나는 분리되어 있고 남자와 여자도 다르다. 그 '분리'라는 개념이 이 모든 고통의 근원이라고도 할 수 있다. "당신은 나를 이해할 수 없어!"라며 대화를 단절하고, '나는 강자가 되고 싶어'라며 강자가 되는 것에만 집착한다. 우리는 두 개가 다 분리된 별개의 존재라고 생각한다. 그래서 분리하고 하나는 좋아하고 하나는 싫어한다.

하지만 사실 모든 것은 하나다. 따로따로 존재하는 것이 아니라 같이 있거나 아니면 같이 없다. 예시를 들어보자. 키가 160cm인 사람이 있다. 근데 이 세상에는 그 사람 한 명만 살고 있다. 그렇다면 그는 자신의 키가 작다 또는 크다는 걸 알 수 있을까? 키뿐만이 아니라 자신의 성별이 무엇인지 가늠할 수 있을까? 그는 자신에 대한 아무런 지식이 없다. 근데 갑자기 우주에서 인간 한 명이 뚝 떨어졌다. 그 사람은 키가 190cm이다. 그럼 첫 번째 사람은 아마도 이런 생각을 하지 않을까? '나는 머리가 여기에 있는데 저 사람은 왜 저기에 있지?' 자기는 머리가 닿지 않는 나무에 그 사람은 닿는 걸 보며 자신이 작다는 걸 서서히 인지할 수 있게 된다. 그때야 비로소 **자신을 스스로 경험할 수 있게 된다.** '작다'와 '크다'라는 개념도 생겨난다. 키가 190cm인 사람이 나타나기 전까지 세상에는 키가 작거나 큰 사람은 존재하지 않았다.

결국엔 '나'라는 존재를 인식하기 위해서는 '너'가 있어야 한다. 키가 작은 나를 인식하기 위해서는 키가 큰 네가 있어야 한다. '너'가 없으면 '나'는 없다. 결국 너와 나는 분리된 것이 아닌 하나 전체를 이루는 일부이다. 왜냐하면 네가 없으면 나를 인식할 수 없기 때문이다. 우리가 기쁨을 어떻게 기쁨으로 인식할 수 있을까? 슬픔을 경험했기 때문이다. 부유함을 어떻게 인지할 수 있을까? 가난함이 있기 때문이다. 죽음은 왜 있는 걸까? 삶이 있기 때문이다. 결국 상반되는 두 성질은 분리하려야 분리할 수 없는 것들이다. 성공과 실패를 예로 들어보자. 우리는 성공만 원하지, 실패는 원하지 않는다. 그래서 도전을 꺼리고 현재에 안주하려고 한다. 하지만 이는 동전의 앞면만 가지려 하고 뒷면은 갖기 싫어하는 것과 똑같다. 그게 불가능하다는 건 모두가 알고 있다. 동전의 앞면과 뒷면은 '하나'이기 때문이다. 동전의 앞면만 있으면 그게 도대체 무슨 의미란 말인가? 성공과 실패도 마찬가지다. 성공과 실패도 사실은 하나로 붙어 있다. 실패를 뒤집으면 바로 성공이 있다. 우리는 동전 전체를 경험하는 것이지 동전의 '한 면'만 경험할 수는 없다.

우리가 원하는 기쁨, 행복, 풍요로움은 상반되는 감정이 있어야만 진정으로 경험할 수 있는 것이다. 슬픔을 온전히 느끼지 못하는 사람은 행복도 온전히 느낄 수 없다. 행복한 순간에도 '이 행복은 언젠가 떠날 테니까….'라고 생각하며 만끽하지 못한다. 또는 '너무 행복해서 불안한' 상태를 경험한다. 내가 이걸 아는 이유는 내가 그랬기 때문이다. 결국엔 행복해도 마음껏 즐기지 못하고 슬퍼도 감정을 억눌러 가며

무미건조한 삶을 살게 된다. 사랑 또한 마찬가지다. 사랑하려면 용기가 필요하다고 말한다. 그만큼 상처도 따를 수 있다는 말이다. 한때 나는 상처받지 않으려고 사리면서 연애했다. 나의 감정을 마음껏 표현하지 못했다. 사랑하는 감정도, 서운한 감정도 마찬가지다. 계속 상처받지 않으려고 나를 방어하고 사랑받는 것에만 집착했다. 하지만 그러면 그럴수록 사랑을 잃을까 봐 두려움은 더욱 증폭됐다. 연락이 안 되면 의심하고 그러면서도 자존심을 챙기겠다고 감정을 또 억눌렀다. 내가 배운 것은 이렇다. 사랑을 하겠다는 건 상처도 받겠다는 뜻이다. 돈을 벌겠다는 건 손해도 보겠다는 뜻이다. 하나의 감정을 경험하고 싶다면 상반되는 감정도 경험할 각오가 필요하다는 뜻이다.

그러니 '좋은'것과 '나쁜'것을 구분해서 좋은 것은 집착하고 나쁜 것은 피하려는 마음을 내려놓아야 한다. 이 세상을 분리하고 구분 짓기보다는 하나의 전체 스펙트럼을 모두 수용하려는 마음가짐이 필요하다. 결국 이원성처럼 분리되어 보이는 것들은 실제로 '하나'라는 통일성을 의미한다. 쉽지 않을 수 있다. 하지만 이 세상을 경험하기 위해 태어난 거라면 용기 내서 기꺼이 마음을 더 열어 보자. 그러면 진정으로 풍요로운 삶을 살 수 있을 것이다!

• 04 •

위대한 삶에게 내맡기기

"당신은 백수십억 년이 걸려서
창조된 하나밖에 없는 쇼를 구경하고 있는 것이다."
- 마이클 A. 싱어, 『삶이 당신보다 더 잘 안다』

"예리는 알아서 잘하니까" 어렸을 적부터 자주 들었던 말이다. 나는 친구들에게 나의 고민을 상담하기보다는 직관에 따라 행동하는 편이었다. 그러다 보니 친구들 눈에는 '큰 고민 없이 알아서 잘하는 애'가 돼 버렸다. "예리는 무슨 생각하는지 잘 모르겠어." 이 또한 자주 들었는데 그만큼 아무리 친한 친구여도 내 감정을 표현하지 못했다. 하지만 남의 이야기는 잘 들어줬고 나의 이야기처럼 공감을 잘해 줬다. 그러다 보니 자신의 고민을 나한테 상담하는 친구들이 많아졌다. 친구들이 나에게 상담하고 힘을 얻어가는 것 같아서 뿌듯하고 기분이 좋았다. 그렇게 서서히 나는 우월감에 젖어들었다. 나는 우쭐하고 거만해졌다. 내가 친구들보다 더 성숙하고 어른스럽다고 생각했다. 내가 아는 것이 정답이고 친구들은 틀렸다고 믿었다. 자연스럽게 잔소리를 퍼붓기 시작했다. 그리고 훈계하려 했다. 동시에 그럴수록 내 안에는 '내가 모든 면에서 더 나아야 해'라는 강박감이 자리했다.

사실 이런 우월감은 훨씬 더 어렸을 때부터 '나는 사랑받기에 부족한 사람'이라는 믿음에서 시작된 것이다. 그 사실을 인정하는 게 마음이 아파서 부정했다. 그러면서 남들보다 내가 더 낫다며 자신에게 가짜의 위로를 던졌다. '내가 더 많이 안다.'라는 생각에 집착했다. 여기에 갇혀 있으면 세상만사를 판단하게 된다. 내가 기대하는 대로 일이 풀리지 않으면 쉽게 조급함을 느끼고 분노하게 된다. 여기서 빠져나오기 위해서는 먼저 내가 열등하다는 사실을 받아들여야 한다. 그래서 나는 몹시 두려운 상태라는 걸 알아차려야 한다. 사실 이 모든 것은 억압된 두려움의 여러 형태일 뿐이다. '나는 나약하다.', '나는 무지하다.', '내가 틀릴 수 있다.' 스스로 이 사실을 인정할 수 있겠는가? 열등해서 느껴지는 아픔을 받아들일 수 있겠는가? 이것을 받아들일 수 있어야만 내 안에 '공간'이 생긴다.

고집부리지 않고, 너무 애쓰지 않고, 그저 삶에게 내맡길 수 있는 여유의 공간이다. 마음공부를 하면서 나의 의식을 대폭 확장시켜 준 깨달음 중 하나는 바로 '나는 무지하다'는 사실이었다. 소크라테스의 명언이 있지 않은가. "내가 유일하게 아는 것은 내가 아무것도 모른다는 사실이다." 하물며 나의 마음도 이렇게 알 수가 없는데, 내가 어떻게 모든 것을 알 수 있을까? 나는 무지하다. 나는 자연을, 우주를, 우리의 마음을 완벽하게 이해할 수 없다. 나는 삶을 통제할 수 없고 맞싸울 수도 없다. 삶이 나보다 더 위대하다. 그것이 사실이다.

이 사실을 진심으로 받아들이면 나의 작은 자아가 기대했던 대로 일이 펼쳐지지 않아도 쉽게 분노할 일이 없다. 오히려 삶이 나를 어디로 인도해 줄지 기대하게 된다. 나의 계획대로 되지 않아서 스트레스를 받기 대신 오히려 설레게 된다. 왜냐하면 우주는 언제나 더 좋은 방향으로 움직이기 때문이다. 나의 좁은 시야의 기준으로는 나쁘게 보이는 상황일지라도 그것은 나의 의식을 한층 더 성장시켜 줄 기회이다. 이렇게 삶을 믿고 내맡기면 삶은 온통 설렘으로 가득해진다.

올해 여름은 유난히 길고도 뜨거웠다. 한번은 성수동에 카페를 가고 싶어서 노트북 가방을 메고 이동했다. 혹시나 하는 마음에 영업 상태를 핸드폰으로 확인했고 정상 영업인 상태를 확인하고 떠났다. 지하철역에 내려서 꽤 걸어야 했는데 그 길은 땡볕이어서 아무리 힘을 빼고 천천히 걸어도 땀이 뻘뻘 났다. 노트북 가방은 점점 더 무겁게 느껴졌다. 더위에 상당히 지친 상태로 카페에 도착했는데 계단 앞에 팻말이 하나 놓여있었다. "대관으로 닫습니다. (내일 정상 영업)" 가는 날이 장날이라고 했던가. 혹시 몰라 영업 상태까지 확인하고 왔는데 하필 오늘 닫혀 있는 것이었다! 화가 날 법도하고 원래 같으면 이런 상황에서 화뿐만이 아니라 일진이 사납다고 하루를 통째로 판단했을 것이다.

근데 놀랍게도 내 안에는 조금의 분노도 없었다. 오히려 이런 생각이 들었다. '엇 닫았네? 뭐지…. 인생이 나한테 뭐를 주려나?' 당황하긴 했지만, 그 자리에서 바로 근처 카페를 검색하고 가장 먼저 보이는 곳으로 곧장 발걸음을 옮겼다. 새로 찾은 카페의 입구에는 초록색으로 덮인 식물들이 나를 반겨줬다. 감사한 마음으로 카페에 입장하니 직원분이 나를 환하게 반겨줬다. 카페는 정말 이뻤다. 앉을 자리를 둘러보니 창가를 바라보는 사리 하나가 눈에 띄었다. 모든 것이 딱 맞아떨어지는 느낌이었다. 그렇게 가벼운 마음으로 그곳에 앉아 작업했다. 한참 작업하다가 출출해서 빵을 사 먹으려고 하던 찰나에 직원분이 오시더니 서비스로 디저트를 챙겨 주셨다. 이렇게 자그마한 행복들이 연이어 이어지는 동안 내 안은 감사함으로 가득 찼다. 역시 삶은 나를 좋은 방향으로 인도해 주는 것이 틀림없다고 생각했다.

이런 상황에서 내가 만약에 계획한 카페를 가지 못해 억울하고 기분이 상했더라면 어땠을까? 보상심리가 발동해 두 번째 카페는 이것저것 재려고 했을지 모른다. 힘들게 나왔으니 처음 카페보다 더 좋은 곳을 가겠다는 오기가 발동했을 수 있다. 아니면 괜히 나왔다며 후회했을 것이다. 그런 마음 상태라면 어느 카페를 가도 만족감을 느낄 리가 만무하다. 내가 한 것이라곤 오직 삶에게 내맡긴 것뿐이다. 우리는 사건이 발생하면 어떻게 받아들이고 해석할지 스스로 선택할 수 있다. 어떤 일이든 삶이 나보다 더 잘 알고 있으니 가장 이로운 방식으로 나를 이끌어 줄 거라 믿는다면 어떨까?

삶이라 해서 사실 거창한 건 아니다. 일상의 모든 것이 삶이다. 삶이란 카페에서 시킨 빵이 내가 기대한 것과 달리 너무 딱딱해서 입천장이 다 까져 버리는 일이다. 출근길 지옥철에서 하필 내 앞자리만 자리가 안 나서 계속 서서 가야 하는 상황이다. 해외직구로 구매해서 오랫동안 기다린 상품이 받아 보니 불량품인 상황이다. 이런 사건을 마주하면 우리는 기대한 것과 달라서 쉽게 분노하고 불평한다. 물론 그 감정도 자연스럽다. 하지만 그 상황이 정말 나쁘다고 단정 지을 수 있을까? 삶이 나를 어디로 이끌어 줄지는 아무도 모르는 것 아닌가? 불량품을 받아서 더 큰 배상을 받을 수도 있다. 지하철에 서 있는 게 나의 몸에는 더 좋은 효과를 미치는 걸 수도 있다. 딱딱한 빵이 나와 입천장이 다 까져버린 사건은 하나의 에피소드로 누군가의 공감을 얻을 수 있다. 우리는 삶이 스스로 어떻게 펼쳐나갈지 예측할 수 없다. 아무리 IQ가 높은 사람일지라도 그것은 알 수 없다. 그렇다면 이 모든 과정이 좋은 결실을 위해 나아가는 중이라고 믿는 것이 나에게 유리하지 않겠는가?

지금 당신 앞에 펼쳐진 상황이 한 치 오류도 없이 그대로 생기기 위해서 138억 년이 걸렸다고 한다. 그동안 당신은 어디에 있었는가? 당신은 아무런 기여도 하지 않았다. 그저 태어나서 우주의 결실을 즐기고 있다. 그중에 하나라도 일어나지 않았더라면 당신은 아마 이 순간에 존재하지 않았을 것이다. 그저 삶에게 내맡겨라. 삶은 우리보다 훨씬 더 위대하다. 그저 흘러가도록 내버려 두는 것이다. **알아서 펼쳐지도록 믿고 그냥 두어라.**

나는 삶이 나보다 더 위대하다는 사실을 깨우치고 함부로 판단하는 일을 멈췄다. 상황의 단면만 보고 '이건 실패야' 또는 '오늘 일진이 사납네'라고 단정 짓지 않는다. 그렇게 바라보는 건 그저 나의 시선일 뿐임을 깨달았다. 누군가의 행동을 보고 '저러면 안 되는데! 내가 가르쳐 줘야겠어.'라고 생각하지도 않는다. '안 된다'라고 판단하는 것도 그저 나의 좁은 시야일 뿐이다. 그 사람의 삶 전체를 두고 봤을 때 현재 시점의 행동이 맞고 틀렸는지를 내가 감히 판단할 수 있을까? 물론 좋은 방향이 보일 때는 제안할 수는 있겠지만 삶을 앞에 두고 나는 절대 옳고 그름을 판단할 수 없다.

나는 무지하다는 사실을 받아들인다. 삶이 나보다 위대하다는 것을 받아들인다. 나의 호불호와 관계없이 삶이 스스로 나아갈 것을 믿는다. 지금의 현상이 나의 개인적인 눈에 어떻게 보이든 나는 매일 성장하고 있다. 그러니 그저 삶이 스스로 존재하도록 내버려 둔다. 이렇게 삶을 대하면 집착은 덜어지고 스트레스가 줄어든다. 몸에 긴장이 풀리고 삶은 그저 놀라운 서프라이즈로 가득해진다. 우리가 이곳에 태어난 이유는 그저 삶을 '경험'하기 위함이지 삶을 '통제'하려고 온 것이 아니다. 삶을 경험한다는 건 삶과 나란히 걷는다는 뜻이다. 내맡기자. 그러면 우리는 더 이상 악쓰고 애쓸 필요가 없다. 이것이 내가 배운 삶을 쉽게 사는 '시크릿'이다.

• 05 •

혼란이 나의 무기가 되는 순간

> "타고난 승자도 없지만 타고난 패자도 없다.
> 모두에게 나름의 숨은 재능이 있는 것은 사실이지만,
> 성공하려면 그것을 발견하고 개발해야 한다."
> - 밥 프록터, 『밥 프록터 부의 원리』

감정이 도대체 뭐길래 나를 이렇게 힘들게 하는 걸까? 행복할 때는 기분이 우주 끝까지 날아오르는 듯했다. 그리고는 언제 그랬냐는 듯 지하 10층까지 기분이 내리쳤다. 이런 일이 반복될 때면 '내가 조울증일까?' 스스로 의심하기도 했다. 어렸을 적부터 감수성이 풍부한 내가 오글거리게 또는 유별나게 느껴진 적이 많았다. 상대방에게 내 감정을 표현했을 때 내가 예상했던 반응을 얻지 못했던 경험이 더러 있었다.

소심하고 민감한 아이였기에 한두 번 그런 경험만으로 금세 의기소침해졌다. 그러면서 점점 내 감정을 억누르기 시작했다. 감정을 느끼고 싶지 않았다. 하지만 그럴수록 감정은 더욱더 거세게 휘몰아쳤다. 감정 기복이 심해지니 결국 내가 나를 감당하는 게 힘들어졌다.

감당하기 힘들 정도로 감정을 억눌러왔다. 그렇게 어마어마한 양의 감정이 쌓였다. 끓는 물이 압력을 못 이겨 냄비 밖으로 흘러넘치듯이 억눌린 내 감정도 수시로 튀어나왔다. 불시에 아무 이유 없이 우울감이 휘몰아쳤다. 감정 파도에 휩쓸리는 내가 싫었다. 감정에 무뎌지고 둔감해지고 싶었다. 차라리 감정이 없는 로봇이기를 바랐다. 그토록 감정이 힘들고 두려웠다. 이토록 민감한 나를 이해할 수 없었다. 그러다 아니타 무르자니의『그리고 모든 것이 변했다』책을 통해 내가 엠패스(empath)라는 사실을 알게 됐다. 엠패스는 우리 말로 '초민감자'로 아주 예민한 동시에 공감 능력이 뛰어난 사람들을 말한다. 초민감자에 대한 설명을 읽는데 그 순간 몇십 년 동안 해결되지 않은 문제의 해답을 찾은 것만 같았다. 잃어버렸던 거대한 퍼즐 한 조각을 찾은 기분이었다.

엠패스에 대한 설명이 모두 내 이야기 같았다. 나는 어렸을 때부터 내가 상대방을 잘 파악한다는 걸 알 수 있었다. 상대방의 미세한 표정 변화나 말투를 쉽게 알아차렸다. 말과 행동 뒤에 깔려 있는 욕구나 의도를 '느낄' 수 있었다. 어떤 행동이 상대방을 편하게 또는 불편하게 만들지 본능적으로 알았다. 어렸을 때는 친구가 나와 대화를 나누고 감정을 쉽게 떨쳐내는 모습이 의아했다. 오히려 내가 친구의 감정 속에 더 오래 머물렀다. 회사에서 일할 때는 내가 보는 것들을 사람들은 왜 보지 못하는지 도무지 이해가 안 됐다. 나는 그것을 상대방이 성의가 없다고 오해했다. 그 외에도 가족과 거실에 있으면 나만 눈이 부셨다. 향수는 늘 부자연스럽게 느껴졌고 액세서리와 젤 네일에 관심이 없다. 목소리가 큰 사람과 함께 있으면 기가 빠졌다. 부모님의 언성이 조금만 높아져도 심장이 방망이질했다. 자연에 있으면 형언하기 힘든 깊은 치유를 느꼈다. 동물들을 유독 사랑한다. 사람들과 어울리는 것도 좋아하지만 혼자 있는 시간이 무조건 필요했다.

가족들은 이런 나를 유별나게 봤다. 그래서 내가 이상한 건가 나를 의심했다. 알고 보니 모든 것이 '초민감자'의 공통된 성향이었다. 혹시 나의 이야기에 공감이 된다면 초민감자 테스트를 검색해서 해 봐도 좋다. 내가 엠패스라는 사실을 깨달은 것이 나에게는 엄청난 위로가 됐다. 더 이상 나를 이상한 사람으로 바라볼 필요가 없었다. 내가 나를 마침내 이해할 수 있게 된 것이다. 그때부터 모든 것이 자연스럽게 느껴졌다. 내가 이렇게 마음공부에 빠진 것도, 감정에 민감했던 것도, 혼자 사색하는 시간이 필요했던 것도, 이상할 것이 하나도 없었다. 그게 나였다. 나는 그냥 줄곧 나답게 행동했을 뿐이었다.

나를 받아들이자 처음으로 나의 장점을 바라볼 수 있게 됐다. 감정이 민감한 것이 나의 장점이었다! 내게는 사람들의 감정을 깊이 헤아릴 수 있는 능력이 있었다. 사람과, 자연과 깊은 연결감을 느꼈고 그래서 세상을 더 입체적으로 경험할 수 있었다. 나는 진심으로 나를 치유할 때 사람들을 치유한다고 믿는다. 내가 개인적으로 운영하는 감정수련 독서모임에서 사람들에게 도움을 줄 때면 나의 영혼이 기뻐하는 게 느껴진다. 나는 책을 읽고, 책을 쓸 때 나의 중심으로부터 행복감이 올라온다. 진정으로 '살고 있다'라는 느낌을 받는다. 그보다 큰 자유는 없다.

이러한 자유는 나를 받아들이고 시작됐다. 모든 사람이 꼭 엠패스일 필요는 없다. 우리는 각자가 자신만의 고유한 개성이 있다. 나와 비슷한 사람도 있겠지만 나랑 '똑같은' 사람은 이 세상에 존재하지 않는다. 그러기에는 다들 너무 개성이 넘친다. 애초에 비교는 말이 안 된다는 것이다. 누군가를 따라 하기보다는 나의 개성을 받아들일 때 진짜 '나의 삶'이 펼쳐진다는 걸 경험했다. 당신도 자신만의 개성이 반드시 있다. 내가 어떤 걸 할 때 행복하고, 불행한지. 그리고 내가 어떤 일에 관심이 있고 어느 장소에서 치유된다 느끼는지. 내가 어떤 모습으로 있을 때 가장 편안한지를 적어 보자. 예를 들어 누군가는 나와 반대로 화려하게 꾸미는 것이 '나답다'라고 느낄 것이다. 정답은 이미 정해져 있다. **바로 당신이 정답이다.** 모든 내용을 적고 그 모든 것이 '나'임을 받아들이자. 그 순간 내가 무엇을 해야 할지 알게 될 것이다.

• 06 •

로또 당첨보다 중요한 말버릇

> "입 밖으로 나오는 말은 진동을 한다. 말에는 영혼이 깃들어 있다."
> - 고이케 히로시, 『2억 빚을 진 내게 우주님이 가르쳐 준 운이 풀리는 말버릇』

'이러다 전부 다 좀비가 되면 어떡하지?' 뜬금없지만 한참 미세먼지가 심할 때 혼자 걱정했다. 스스로 무의식적으로 어떤 말을 하고 어떤 농담을 하는지 인지하기 전까진 나의 이런 상태를 몰랐다. 나의 무의식을 인지하기 시작하고 그제야 내가 평소에 웃기려고 던졌던 가벼운 농담도 걱정으로부터 비롯된 것임을 알아차렸다. 농담이기는 하지만 얼마나 부정적인 말투를 습관처럼 했는지 인지한 뒤로는 적잖이 놀랐다. 나는 자신을 나름 긍정적이고 낙천적인 사람이라고 생각했기 때문이다. 예를 들면 이런 것이다. 개인적으로 모임을 주최할 때 이런 질문을 자주 던졌다. "근데…. 아무도 안 오면 어떡해요?" 아니면 어려운 사람과 상황을 마주하면 "쉽지 않은데?"라는 말도 자주 했다. 세게 달리는 버스 안에서 손잡이를 잡고 이리저리 휘청이며 위태롭게 서 있는 사람들마저도 걱정했다. '저러다 한 명이 넘어져서 도미노로 다 넘어지는 거 아니야?' 상대방에게 나의 의사를 표현할 때도 상대방이 어떻게 받아들일지 걱정하기 일쑤였다. 손 편지를 쓰고 싶었는데 '부담스러워하려나?'라는 생각에 좋은 의도조차도 억눌렀다. 세상 만물이 걱정이었다. 내가 그러고 있는지도 모른 채로 걱정과 긴장이 온몸에 쌓여 있었다. 걱정하는 것이 습관이 되고 그것이 무의식적으로 항상 일어나게 되는 지경까지 간 것이다. '실수하면 어떡하지?', '무식하다고 생각하면 어떡하지?', '재수 없다고 생각하면 어떡하지?', '나한테 질리면 어떡하지?', '실망하면 어떡하지?' 걱정, 걱정, 걱정….

정신과 의사이자 저명한 영적 스승이었던 데이비드 호킨스는 그의 저서『놓아 버림』에서 "걱정은 만성적인 공포"라고 표현했다. 사실 **온갖 잡스러운 걱정들은 내 안의 누적된 공포가 만들어 내는 생각들이다.** 만일 내가 억누른 공포가 없었다면 이러한 걱정들도 생기지 않았을 것이다. 여기서도 언제나 중요한 건 공포를 느껴 보는 것이지만, 우리가 매일같이 내뱉는 말투도 의식해서 변경할 필요가 있다.

우주의 만물은 에너지를 방출한다. 그리고 에너지는 파동을 일으킨다. 물질처럼 보이는 우리의 몸도 본질은 에너지다. 우리가 내뱉는 '말'도 에너지고 머릿속에 가지고 있는 '생각'도 에너지다. '끼리끼리'라는 말은 우주의 법칙을 알려 주는 말이다. 비슷한 에너지들끼리 서로를 끌어당긴다. 사랑은 사랑을 끌어당기고, 증오는 증오를 끌어당긴다. 그러므로 평소에 내가 어떤 말을 자주 하는지 귀를 기울일 필요가 있다.

"나는 안 돼."
"나 지금 거지야. 돈 없어."
"내가 할 수 있을까?"
"안될 거 같은데?"
"아 망했다."
"어렵다 어려워."
"나이가 드니까 (힘들어)…."

에너지는 자석처럼 똑같은 에너지를 끌어당긴다. "아 짜증나"라는 말은 계속 짜증나는 상황을 끌어당긴다. "돈 없어"라는 말은 돈이 계속 부족한 상황을 끌어당긴다. "어렵다"라는 말은 어렵게 느낄 만한 온갖 문제들을 삶으로 끌고 온다. 나는 욕도 그 언어 자체로 파동이 있다고 믿는다. 왜냐하면 집단 무의식에서 욕은 보통 분노, 증오, 복수심과 같은 에너지를 품고 사용하기 때문이다. 나의 경우에는 걱정으로 비롯한 부정적인 말도 무의식적으로 내뱉었지만 "졸려 죽겠다"라는 말을 입에 달고 살았다. 그러니 당연히 매일 졸렸다. 주말에 12시간을 자도 졸렸다. 사람은 누구나 피곤함을 느낄 수 있다. 피곤한데 억지로 괜찮다고 말하라는 것이 아니다. "몸이 좀 피곤한데 그래도 괜찮아.", "오늘은 많이 못 자서 좀 피곤하네?"라고도 얼마든지 나의 상태를 인정하고 표현할 수 있다. 요점은 나의 부정적인 말버릇을 먼저 '인지하는 것'이다. 그 뒤에는 선택할 수 있다. 똑같이 내뱉거나, 내뱉지 않거나, 아니면 긍정적인 언어로 변경하는 것이다.

부정적인 말버릇을 인지한 뒤에 나는 그런 나를 인정했다. 변화가 필요하다는 걸 받아들이고 의식적으로 긍정적인 말버릇을 습관화했다. 그렇게 나의 인생에서 긍정 확언을 시작했다.

“나는 된다.”

“나는 될 수밖에 없다.”

“나는 잘하고 있다.”

“나는 매일 우주로부터 선물을 받고 있다.”

“나는 나의 감정을 허용함으로써 나를 치유하고, 세상을 치유하고 있다.”

“나는 무한한 가능성이다.”

말의 힘은 아무리 말해도 부족하다. 이 순간에 떠오르는 노래가 있다. 한때 즐겨 보던 〈무한도전〉에서 가수 이적과 국민 MC 유재석이 불렀던 〈말하는 대로〉이다. 당시에는 노래 가사가 크게 와닿지 않았는데 최근 들어 이 노래의 가사가 계속 머릿속에 맴돌았다. 실제 인생이 말하는 대로 펼쳐진다는 걸 깨달았기 때문이다. 물론 자신이 하는 말을 진심으로 믿는 것은 중요하다. 마음이 불안감으로 요동칠 때 긍정 확언하는 걸 권하고 싶지 않다. 오히려 불안감이 더욱 심해질 수 있다. 하지만 평소에 큰 감정 격동이 없을 때 당당하게 말해 보자. 한번 해 보고 그게 나에게 어떤 느낌으로 다가오는지도 느껴 보면 좋다. 어색하거나 낯설게 느껴지는가? '이런 걸 왜 해?'라는 비난의 목소리가 들리는가? 아니면 내 안의 영혼이 반응하는 느낌이 드는가? 무엇이든 좋다. 경험해서 손해 볼 것은 전혀 없다.

나는 매일 확언하지 않는다. 그리고 감정이 힘들 때는 더더욱 하지 않는다. 하지만 내가 어떤 말투를 가졌는지는 인지했다. 그리고 긍정 확언을 통해 많은 부분이 개선됐다. 걱정하고 부정적인 말투는 습관이다. 오래된 습관은 새로운 습관을 형성해 허물면 된다. 진정한 부를 이룬 사람이 쓴 책에서 긍정 확언을 언급하지 않은 책을 나는 본 적이 없다. 그만큼 매일 내가 습관처럼 하는 말은 중요하다. 누군가 내뱉는 말만 들어도 그 사람이 평소에 어떤 생각을 하는지 알 수 있다. 당신이 어떤 말버릇을 가졌는지 알아차리길 바란다. 중요한 사실은 당신이 하는 모든 말을 당신의 세포가 듣고 있다는 것이다. 이 사실을 명심해야 한다. 당신이 마음속으로 하는 말도, 상대방에게 하는 말도, '내가' 전부 듣고 있다. 그러니 깨어 있어야 한다. 무의식적인 삶에서 깨어나라. 정신

바짝 차리고 내가 어떤 말을 하고 있는지 인지하라. 지금까지 당신의 삶은 당신이 '말하는 대로' 펼쳐졌다는 사실을 알아차리길 바란다.

• 07 •

언제까지 피해자로 살 것인가

"위대한 영혼이여. 제가 다른 사람의 입장이 되어 보기 전까지는 그들을 판단하거나 비판하지 않게 해 주소서."

- 데일 카네기, 『데일 카네기 자기 관리론: 불안과 걱정 없는 인생을 사는 핵심 원리』

"너한테 그런 정신적인 상처를 줬는지 몰랐어. 그 부분이 엄마가 미안해."

최근에 내가 엄마에게 받았던 상처를 허심탄회하게 이야기하는데 엄마가 했던 말이다. 엄마의 이 말을 듣자 눈물이 쏟아질 것만 같았다. 엄마는 그동안 나에게 자신만의 사랑을 주고 있었다. 다 커서도 출근하기 전에 배 든든하게 가라고 매일 저녁 온갖 채소, 과일을 갈아 넣은 주스를 만들어 냉장

고에 넣어 놨다. 엄마가 여행을 갈 때면 밥 챙겨 먹으라고 미역국과 김치찌개를 대용량으로 끓여서 먹기 좋게 소분해 놓고 갔다. 나는 한때 그런 엄마를 보면서 '슈퍼우먼' 같다고 느낀 적이 있다. 그저 끼니 거르지 않고 설거지나 빨래 같은 집안일로 고생하지 않도록 나를 줄곧 배려했다. 그런데도 나는 정신적인 사랑을 주지 않았다고 엄마를 오랜 시간 원망했다.

누가 착하고 나쁘다는 것을 말하려는 것이 아니다. 엄마는 물질적이고 물리적인 사랑이 더 중요하다고 느꼈고 반면에 나는 심리적인 사랑을 원했던 것이다. 나는 엄마가 나의 감정을 물어보고 헤아려 주기를 바랐다. 나를 사랑하는 다정한 말투로 대해주기를 바랐다. 결국 우리는 서로 생각하는 기준이 달랐던 것뿐이다.

우리는 그저 자신이 '맞다고' 믿는 방식을 선택하고 행동할 뿐이다. 하지만 때로는 그 행동이 누군가에게 상처가 됐다. 왜냐하면 엄마와 나의 경우처럼 나의 기준과 상대방의 기준이 다를 수 있기 때문이다. 어떤 행동은 상대방에게 상처가 될 거를 알면서도 행했을 거다. 그게 당시에는 맞는 방법이라고 믿었기 때문이다. 그 사람이 왜 그런 판단을 했는지는 그 사람의 인생 전체를 직접 살아 보지 않고서는 알 수 없다.

그러니 누가 '나빴다'라고 판단하고 그 사람을 탓하며 원망하는 것은 의미가 없다. 결국 그건 자기 자신에게 이득이 없는 행동이다.

어떤 사건이든 가장 중요한 건 내가 '어떻게' 받아들였냐는 것이다. 나는 엄마에게 줄곧 사랑받고 있었음에도 충분히 사랑받지 못했다고 믿었다. 그 믿음이 나를 피해자로 만들고 열등한 아이로 만들었다. 나에 대한 정체성을 스스로 부정적으로 성립하고 있었다. 그렇게 자신을 '사랑받기에 부족한 존재'라고 믿으니 어딜 가나 속으로는 불안함을 느낄 수밖에 없었다. 자신을 스스로 피해자라고 규정하는 한 행복한 삶은 경험할 수 없다.

그래서 용서가 필요하다. 당신이 자유로워지기 위함이다.

어떻게 용서할 수 있는가? 자신을 먼저 사랑하라. 당신이 받았던 상처와 원망, 나약함, 수치심 그 모든 것들을 느껴 보고 허용해야 한다. 친구나 가족에게 한풀이하라는 것이 아니다. 과거에 억눌렀던 감정과 끝까지 함께하라는 말이다.

나는 엄마를 향한 분노와 원망을 허용했다. 분노는 울부짖었다. 내가 왜 성격으로 비난받고 있는 그대로 존중받지 못하냐고 화를 냈다. 나약함도 허용했다. 나약함은 내가 부족해서 미안하다고 그러니 나를 용서하고 사랑해달라고 빌었다. 그렇게 무력하고 왜소한 나를 마주하며 오래 묵혀둔 감정을 해소했다. 그때 깨달은 것이 있다. 사실 그 감정들은 내가 '나에게' 품었던 감정이라는 사실이다.

위에서도 말했지만 어떤 사건을 만나던 내가 '어떻게' 받아들이는지가 관건이다. 엄마가 나에게 살갑지 않다고 했더라도 내가 나를 있는 그대로 괜찮다고 받아들였다면 어땠을까? 그럼 나는 아무런 상처도 받지 않았을 것이다. 왜 나를 있는 그대로 존중하지 못하냐고 분개한 것은 '내 안의 내가' 나에게 품은 원망이다. 그렇다면 나는 왜 나를 있는 그대로 사랑하지 못했을까? 그만큼 순진했기 때문이다. 나 또한 성격이 살가워야만 하는 줄 알았다. 그래서 나 자신을 비난하고 증오했다. 그러니 나를 원망하는 마음을 알아주고 동시에 잘못된 신념을 믿을 수밖에 없었던 나를 인정해줘야 한다. 내가 느껴주고 인정해주면 그 상처는 치유된다. 그리고 내가 치유되면, 상대방의 존재가 마침내 보이기 시작한다. 나는 나를 사랑하자 그제야 엄마의 사랑이 보이고 엄마의 상처도 보였다. 알고 보니 엄마도 나와 똑같이 나약하고 순진무구한 존재였던 것이다. 모든 사람이 똑같다. 나에게 상처를 줬던 그 사람도 한때 상처받았다. 그렇게 연민을 느끼게 되고 진정한 용서가 된다. 용서하면 더 이상 피해자로 살 필요가 없어진다. 용서는 자유로 가는 길이다.

나는 한때 지독한 자기 증오로 고통받았다. 하지만 모든 고통에는 숨겨진 교훈이 있다. 나는 고통을 경험해 봤기에 사람들을 깊이 공감하고 도움을 줄 수 있게 됐다. 가장 중요한 건 자기 증오를 경험해 봤기에 자기 사랑을 경험할 수 있다. 고로 나의 아팠던 과거는 나의 스승이다. 나는 다시 돌아가도 우리 부모님의 딸로서 태어나기를 선택하고 싶다. 왜냐하면 나는 지금의 내가 아닌 어떤 누구도 되고 싶지 않기 때문이다. 결국 모든 것은 사랑이었다. 나는 내내 사랑으로 인도받고 있었다. 진정한 사랑을 느끼기 위해 아픔의 경험이 필요했을 뿐이다.

지금 당장, 나를 사랑하기 위한 여정 : 받아들임

1. 부모님의 행복은 나의 책임이 아니라고 말하라! 부모님은 부모님대로, 당신은 당신대로 행복해질 수 있다. 각자 그럴 수 있는 힘을 가지고 있다. 상대방의 행복이 나에게 달렸고, 나의 행복이 상대방에게 달렸다고 믿는 순간 고통이 시작된다.
2. 강자가 되고 싶다면 먼저 완벽한 약자가 되어라. 열등하고 찌질한 못난이의 감정을 있는 그대로 허용하고 받아들여라. 그래야 강자의 감정도 아무런 저항감 없이 느낄 수 있다.
3. 우리는 '이원성'의 세상에 살고 있다. '나'를 경험하기 위해서는 '너'가 있어야 한다. 마찬가지로 행복을 경험하기 위해서는 불행을 경험해 봐야 한다.
4. 당신은 삶 앞에서 무지하다는 것을 받아들여라. 내 뜻대로 일이 풀리지 않더라도 더 큰 가르침을 위한 과정이라고 믿고 그냥 내맡기자. 저항을 멈추면 삶은 순조롭다.

5. 우리는 모두 자기만의 재능과 개성이 있다. 남들보다 유별나다고 느끼는 부분을 찾아보자. 그것이 당신의 천명일 수 있다.
6. 당신이 어떤 말버릇을 가졌는지 정직하게 바라보고 인정하라. 말하는 대로 삶은 펼쳐진다. 당장 나의 말버릇을 개선하기 위해 긍정 확언을 만들어 보자.
7. 나의 아픈 과거를 받아들이고 용서하라. 받아들인다는 것은 과거에 억눌린 감정까지도 허용한다는 것이다. 감정을 말끔히 청산하자. 그리고 용서하고 더 자유로워지자.

3장

나로서 지금을 산다는 것
: 자기사랑

나에게 필요했던 고민은 '저 사람은 어떤 걸 좋아할까?'가 아니었다. 물론 그것도 좋지만, 우선순위가 있었다. '나는 어떤 걸 좋아할까?', '어떻게 하면 나를 최대한 배려할 수 있을까?', '어떤 선택을 해야 내가 부담을 덜 느낄까?' 나에 대한 배려가 먼저였다.

•01•

내가 대기업을 퇴사한 이유

"결국 창조적인 삶이란, '자신의 길'을 가는 것이다."

- 웨인 다이어, 『우리는 모두 죽는다는 것을 기억하라』

'나의 소원이 이루어졌어!'

말짱히 다니던 회사에서 희망퇴직 공고가 뜬 날 마음속으로 외쳤다. 이직할 곳이 정해진 상태도, 회사생활이 힘들었던 것도 아니었다. 오히려 회사생활은 나의 전체 직장생활 중에 가장 즐거웠다.

우리 파트는 총 4명으로 작은 팀이었는데 서로 입만 열면 웃음이 터져 나왔다. 서로 농담도 많이 했지만 나는 특히 파트장님을 괴롭히는 건 아니고 장난치는 걸 좋아했다. 오죽하면 우리 팀의 한 분이 파트장님과 나를 '톰과 제리'라고 불렀다. 물론 내가 잽싸고 영리한 제리였다. 우리의 별명을 붙여준 에이미님은 집에서 기른 블루베리와 토마토를 4명이 먹고 배가 부를 정도로 따왔다. 아침 근무하기 전에 먹던 에이미님의 블루베리의 상큼하고 달콤한 맛이 여전히 입안을 맴돈다. 파트장님 옆자리이었던 지니님은 내가 하는 농담에 항상 밝게 웃어 주었다. 덕분에 내가 더 열정적으로 까불거렸다. 파트장님은 그런 나를 '천진난만한 아이'라고 불렀고 나는 언제나 그 역할을 충실히 했다. 입사하고 첫 팀을 함께했던 분들과는 지금도 개인적으로 만나며 이제는 인생의 친구가 되었다. 처음부터 끝까지 좋은 분들이 함께했기에 나는 우리 회사를 좋아했다.

이렇게 즐거운 분위기에 일하면서 퇴근은 4시에 했다. "미쳤어? 그 좋은 곳을 왜 퇴사해?!"라고 묻는 말이 여기까지 들리는 것 같다. 실제로 이 질문을 많이 듣기도 했다. 그런데도 내가 퇴사를 결심한 이유는 '나의 길'을 걷기 위해서였다. 그렇다고 무슨 일을 할지 명확하지도 않았고 준비된 것도 없었다. 그런데도 희망퇴직 공고가 떴을 때 나는 이것이 우주가 보내 주는 선물이라 확신했다. 물론 준비된 것이 없었기에 불안하고 두려움이 올라오기도 했다. 나의 꿈을 이루겠다는 열정은 있었지만 불확실한 미래는 어두컴컴하게만 느껴졌다. 선택의 갈림길에서 나는 어떤 것이 더 후회될지 신중히 고민해 봤다.

남는 것 vs. 떠나는 것.

남으면 어두컴컴한 미래는 없었다. 대신 너무 '알 것 같은' 미래가 있었다. 거기서 오는 안정감도 있었지만, 나의 시간은 묶여있어야 했다. 아무리 4시 퇴근이어도 집에 도착하면 5시였고 조금 있으면 저녁 먹고 운동 갔다가 씻고 나오면 곧 자야 할 시간이었다. 새벽 5시에 일어나다 보니 잠드는 시간도 빠른 편이었다. 반대로 퇴사하면 시간적 자유는 완벽히 확보되지만, 미래는 불투명했다. 그래도 나에게는 시간적 자유와 나의 꿈을 좇을 수 있는 기회가 더욱 매력적으로 느껴졌다.

무엇보다도 나는 희망퇴직 공고가 뜨기 전부터 이미 내면의 변화를 경험하고 있었다. 나를 사랑하는 방법을 터득했고 그러면서 나에 대한 신뢰가 쌓였다. 책을 써야겠다는 생각만 했을 뿐인데 책을 쓰는 상황이 자연스럽게 펼쳐지는 중이었다. 그러니 그냥 이대로 퇴사해도 길은 있을 거라 믿었다. 너무 순진무구하다고 생각하는가? 하지만 그게 우리의 본질이고 그것이 우리가 가지는 막대한 힘의 원천이다. 우리가 믿는 대로 삶은 펼쳐진다. 우리가 어떤 신념을 붙잡고 그것을 믿기 시작하면 그 사상은 곧바로 힘을 가지게 된다. 물리적 세상에서 내가 믿는 신념이 현실로 펼쳐질 정도로 우리의 '생각'은 강력하다. 어떤 사람이 '세상은 경쟁해서 살아남아야 해'라고 믿는다면 그 사람은 평생 경쟁하는 삶을 살게 된다. 누구를 만나도 그는 경쟁의식을 느낄 것이기 때문이다. 내가 '세상은 사랑스러운 사람들뿐이야'라고 믿는다면, 나는 사랑스러운 사람들만 만날 수밖에 없다. 스스로 못난이라고 생각하는 사람도 내 눈에는 그저 사랑스럽게 보일 것이기 때문이다. 내가 '믿는 대로' 세상을 '바라보게' 되는 것이다. 그리고 그렇게 신념이 굳혀질수록 우주 만물은 진동을 일으키기에 비슷한 진동을 끌어당기는 '유유상종'의 법칙이 일어나게 된다.

우리는 우주처럼 헤아릴 수 없을 정도의 많은 가능성을 품고 있다. 나는 그 사실을 믿고 퇴사를 결심했다. 내가 좋아하는 것을 찾았으니 퇴사해도 된다고 믿었다. '진짜 나'의 삶을 살기 위해서다. 회사생활을 10년 가까이 하면서 힘들었던 기억은 그리 많지 않다. 그런데도 나의 영혼은 조용히 시들었다. 회사가 문제였다기보다는 내가 다른 가능성을 경험해 보지 못해 무기력해졌다. 가장 궁극적인 질문은 이것이었다. '내가 지금 도전하지 않으면, 죽음 앞에서 나는 후회 없이 당당할 수 있을까?' 그리고 그 대답은 '나는 후회할 것 같다'였다. 그래서 가족을 설득하고 퇴사했다.

그렇게 부모님에게 마음의 준비를 할 시간을 주고 나에게도 시간을 줬다. 어쨌든 인생의 변화를 직접 경험할 사람은 나였다. 나는 진짜로 마음의 준비가 됐는지 스스로 물었다. 대기업으로 이직 성공하며 가족들이 진심으로 기뻐하고 자랑스러워하는 모습을 많이 봤다. 나도 그에 따른 자부심을 많이 느꼈다. 하지만 이제는 그 자부심을 내려놓아야 할 때였다. "예리야 너는 준비가 됐어?" 나에게 물었다. 그리고 최악의 상황을 떠올려 봤다. 아르바이트하면서 원래 받던 연봉의 반의반을 받더라도 괜찮은지 스스로 물었다. 아르바이트하다가 직장동료를 우연히 마주치는 상황이 오더라도 괜찮

겠냐고 스스로 물었다. 그래도 꿈을 좇을 수 있을지 나의 마음가짐을 점검했다. 대신 천천히 기다려 줬다. 마음의 준비가 되지 않았다면 퇴사를 미루는 것도 방법임을 스스로 알려줬다.

"네가 무슨 선택을 하든 네가 준비됐을 때 내가 선택할 수 있게 허락해 줘."

어느 때보다도 내면의 목소리에 더욱 집중하려고 했다. 그렇게 고민하던 어느 날 저녁에 퇴사하고 싶다는 강한 직감을 느꼈다. 그때 이런 상상을 했다. 상상 속에서 다음날 퇴근 후 부모님께 퇴사 소식을 알렸다. 그동안 노심초사하며 마음고생했을 부모님을 껴안고 나는 이런 말을 했다.

"나를 믿어 줘서 고마워. 내가 스스로 선택할 수 있게 해줘서 고마워."

이 목소리를 듣자마자 주체할 수 없이 눈물이 쏟아졌다. 비록 상상 속에서 내가 부모님께 하는 말이었지만 나는 그것이 내가 나에게 하는 말이라는 걸 알 수 있었다. 마치 나의 영혼이 나에게 말을 건네주는 것만 같았다. 지금까지 나는 나의 선택을 의심하고 남들의 반응을 살피며 부모님과 남들에게 좋은 선택을 해 왔다. 결정권을 남들에게 넘겨준 채로 살았다. 그렇게 내면의 목소리를 무시하고 억누르며 살아왔다. 하지만 그동안 내가 그토록 바랐던 것은 남에게 이끌리지 않은 채 내가 스스로 결정하는 자유였다. 나는 자유에 목말라 있었다. 사실 나에게는 어떤 선택을 하느냐가 중요한 것이 아니었다. **내가** 스스로 선택할 수 있는 **자유**가 필요했던 것이었다. 그렇게 처음으로 오직 내면의 목소리에만 집중하고 스스로 선택할 수 있는 자유를 나에게 허용했다. 그리고 그날 비록 상상 속에서 일어난 일이지만 나는 억눌린 자아가 풀려나는 것을 느꼈다. 그리고 그다음 날 아침, 나는 퇴직서를 제출했다.

지금 기준으로 퇴사한 지 이제 3달이 되어 간다. 지금도 간혹 두려움이 미세하게 올라올 때가 있다. 하지만 지금까지 크게 후회하거나 감정이 격하게 요동친 적은 없었다. 퇴사하기 전에 충분히 나를 들여다보고 감정을 해소하고 나온 덕분이라고 생각한다. 그리고 무엇보다도 나에 대한 신뢰를 형성한 상태에서 나왔다. 나는 선택할 수 있는 자유를 스스로 허용했다. 내가 '허용했다'라고 표현하는 이유는 사실 그 자유는 언제나 나에게 있었다. 지금까지 그 자유를 느끼지 못하게 막았던 사람은 바로 나 자신이었다. 나를 억누르며 외부의 목소리에 귀를 더욱 기울였다. 그래서 이번에는 내면의 목소리에 집중하기로 마음을 먹었다. 그리고 그렇게 마음을 먹으니 자유는 내 것이 되었다.

내가 원하는 삶은 내가 좋아하는 일을 찾고 나의 능력을 발휘하여 배움을 얻고 그것을 세상에 나누는 것이다. 나는 지금 책을 쓰고 있고, 감정수련 독서모임을 운영하며, 감정수련 코칭을 진행하고 있다. 나의 경험을 바탕으로 얻은 노하우를 사람들과 공유하고 있다. 지금까지 해 오던 일과 완벽하게 다르지만 평안한 나날들을 보내고 있다. 그중 내가 가장 만끽하는 건 시간적 자유다. 나는 오후 3~4시경 햇살의 빛깔과 분위기를 정말 좋아한다. 그 시간대에 밖에 있으면 감사한 감상에 젖어 든다. 세상이 정말 아름답게 보이고 그것을 누릴 수 있음에 감사함이 가득 차오른다. 진정으로 살아 있음을 느끼는 순간이다. 그래서 지금 나는 감사하고 행복하다. 지금의 길이 어디로 나를 이끌지는 모른다. 하지만 뜻이 있는 곳에 길이 있다고 하지 않았던가. 다른 건 몰라도 이것만은 확실하다. 어떤 선택을 하던 나는 나의 선택을 믿고 지지할 것이다. 그랬을 때 내가 가장 자유로워질 수 있기 때문이다.

모두가 '나의 삶'을 찾기 위해 나처럼 퇴사하라는 말을 하려는 게 아니다. 자신이 원하는 것을 하면 된다. 지금의 삶이 편하다면 그냥 누리면 된다. 하지만 나처럼 영혼이 시들고 있다고 느끼면 한번 고민해 보자. 어떻게 하면 나의 영혼이 자유로워질 수 있을지 물어보자. '어떤' 일하고 싶은지 그리고 '어떻게' 일하고 싶은지 물어보자. 어떤 사람들은 규칙적인 시간에 일하는 걸 더 선호할 수도 있다. 회사가 주는 안정적인 삶을 더 선호할 수 있다. 단지 같이 일하는 사람 또는 하는 일 때문에 힘들게 느껴질 수 있다. 그런 경우에는 내가 상황을 받아들이는 태도만 바꿔도 똑같은 회사에서 큰 변화를 맞이할 수 있다. 모든 답은 내 안에 있다. 진짜 내가 원하는 것이 무엇인지 나를 탐구하는 것을 그 시작으로 하면 된다. 우리에게는 수많은 가능성이 있다는 것을 그저 가슴 한 편에 새겨 두기를 바란다.

• 02 •

나를 사랑하는 건 이기적인 건가?

> "우리 자신을 조건 없이 사랑하는 법부터 배워야
> 타인도 진정으로 사랑할 수 있어."
> - 아니타 무르자니, 『나로 살아가는 기쁨』

이 장은 어디서부터 써야 할지 모르겠다. 도대체 어디서부터 잘못된 건지 알 수가 없다. 우리는 언제부터 나를 사랑하는 건 이기적인 거라고 믿어오게 된 걸까? '나를 사랑한다'라는 말의 뜻의 오해가 있는 걸까 아니면 '이기적이다'라는 말의 뜻이 잘못 해석된 걸까? 솔직히 나도 이 문제에 대해서는 명확하지 않다. 하지만 확실한 건 아래 신념만큼은 내가 오랜 시간 믿어 왔고 아마 모두가 동의할 것이다.

이기적인 것은 나쁘다.

나쁜 사람은 벌을 받는다.
착한 사람만 사랑받는다.

고로 이기적인 사람은 사랑받지 못한다.
사랑받고 싶으면 남에게 베풀고 친절해야 한다.

우리는 그렇게 교육받아 왔다. 어린아이들이 듣는 캐럴에서조차 우는 아이는 산타할아버지가 선물을 안 주신다. 착하고 (말 잘 듣는) 아이만 선물을 받는다. 그래서 내가 우는 걸 억눌렀던 걸까? 어쨌든 우리는 착하고 이타적인 사람이 되기 위해 '나'를 억눌러야 했다. 그렇지 않으면 죄책감을 느꼈다. 나쁜 사람은 벌을 받아야 하니 상대방에게 약간의 민폐만 끼쳐도 죄책감을 느끼며 불안해했다. 그게 직접 행동한 것이 아니어도 '나쁜' 생각을 품었다는 사실만으로도 죄책감을 느꼈다.

나는 그동안 죄책감을 달고 살았다고 말해도 과언이 아니다. 그냥 가만히 집에서 쉴 때면 충분히 '바쁘지 않다.'라는 생각에 죄책감을 느꼈다. 누구도 뭐라고 하지 않지만, 시간을 효율적으로 쓰지 않았다는 생각에 마음에 찔렸다. 상대방의 부탁을 거절하고 퉁명스럽게 말해서 후회하고 불안해했다. 가족을 향해 품은 원망스러운 감정과 생각 때문에 죄의식을 느꼈다. 부모님을 행복하게 하지 못했다는 생각에 눈치를 봤다. 하지만 이런 감정이 비단 나만 느끼는 감정이 아니라는 걸 알게 됐다. 많은 사람이 나처럼 열심히 일하고, 사람들에게 친절하고, 가족을 위해 희생해야 한다고 믿는다. 언제까지 이렇게 스스로 괴롭혀야 하는 걸까?

지금까지 나는 착한 척하며 살아왔다. 나의 기분 상태와 상관없이 상대방을 배려하려고 했다. 내 마음이 불편해도 억지로 상대방에게 베풀었다. '기브 앤 테이크'라고 하던가 내가 베풀면 나에게 돌아올 거라며 나를 설득했다. 억지로 베푼 마음은 내가 '희생'했다는 마음을 만들어 냈다. 그 마음은 언제나 대가를 기대했다. 하지만 아무것도 받지 못한 마음은 실망했고, 남을 돕는 건 다 부질없다고 믿기 시작했다. 그렇게 점점 더 인색한 사람이 돼 갔다. 하지만 그럴수록 죄책감은 깊어졌다. 나는 왜 순수하게 기쁜 마음으로 상대방을 돕지 못하는 건지, 나는 왜 '진짜' 착하지 않은 건지 이기적으로 보이는 내가 못나 보였다.

그동안 내가 억지로 상대방을 베풀었던 이유는 오직 하나다. 사람들에게 인정받고 사랑받고 싶었다. 그래야 내가 행복해질 거라 믿었다. 그러면서 정작 나를 돌볼 줄은 몰랐다. 그동안 아무도 나에게 알려 주지 않은 사실은 '내가' 먼저라는 것이다. 내가 먼저다. 그동안 이 순서를 알지 못했다. **'나에게' 먼저 친절하고 베풀 줄 알아야 한다.** 나를 사랑할 줄 알아야 남도 사랑할 수 있는 것이고, 나의 사랑을 받을 줄 알아야 남의 사랑도 받을 줄 알게 되는 것이다. 나는 그동안 내가 주는 사랑을 스스로 거부하고 있었다. 억울해서 분노가 올라올 때도 그 목소리를 듣기보다는 나를 자책하며 억눌렀다. 나에 대해 뿌듯함이 올라올 때도 겸손해야 한다며 억눌렀다. 나는 받을 줄 몰랐다. 그러니 주는 법도 몰랐다.

나를 사랑하지 않는데 어떻게 남을 사랑할 수 있겠는가? 나를 배려하지 않는데 어떻게 남을 배려할 수 있겠는가? 받을 줄 모르는데 어떻게 줄 수 있겠는가? 이것이 모순이다. 나를 사랑하는 것이 먼저다. 내가 나를 사랑하고 배려할 때 우리가 느낄 수 있는 감정은 **감사함, 충만함이다.** 내 안에 충만함이 가득하면 나의 중심으로부터 타인을 돕고 싶은 욕구가 저절로 솟아오른다. 그때는 나의 행동이 희생이 아닌 기쁨이 된다. 어떤 대가도 바라지 않고 그저 '상대방이 원해서' 나도 원하는 것처럼 행동하고 나서게 된다.

나를 사랑하는 건 이기적인 걸까? **나를 사랑하지 '않는' 것이 이기적이다.** 지금도 여전히 나의 이기적인 모습이 나올 때가 있다. 그럴 때면 나만 희생하는 것 같고 나의 이익을 계속 따져 보려는 자아가 올라온다. 나는 바로 그 순간을 나에 대한 사랑이 부족한 상태라고 받아들인다. 우리 안에서 이기적이고 인색한 모습이 나올 때, 그때 바로 자신을 들여다볼 줄 알아야 한다. '내가' 시간이 필요하다는 걸 알아줘야 한다. 이기적인 모습이 나오는 이유는 '부족하다'라는 마음 때문이다. 충분히 받지 못했다는 느낌, 나만 손해 보는 것 같은 느낌, 내 것을 뺏길 것 같은 느낌, 한정적인 자원을 두고 경쟁해야 한다는 느낌이다. 나를 사랑할 때 느끼는 '충만함'과는 반대의 감정이다. 이기적인 모습이 나올 때는 나를 몰아붙이기보다는 불안한 그 마음을 인정해 줘야 한다. 그리고 자신에게 물어보자. '나는 진짜 받은 게 없는 걸까?', '진짜 내 것을 뺏긴다면 나는 어떻게 될까?' 우리는 지금까지 많은 것을 받아왔다. 그리고 우리가 두려워하는 상황은 냉정하게 생각하면 충분히 대안과 해결책을 떠올릴 수 있는 상황이다. 생각한 만큼 심각한 게 아니라는 뜻이다. 그러니 이기적인 모습이 올라오면 나를 바라보고, 감정을 허용하고, 현실을 바라볼 수 있게 스스로 다독여 줘야 한다.

나에게 필요했던 고민은 '저 사람은 어떤 걸 좋아할까?'가 아니었다. 물론 그것도 좋지만, 우선순위가 있었다. '나는 어떤 걸 좋아할까? 어떻게 하면 나를 최대한 배려할 수 있을까? 어떤 선택을 해야 내가 부담을 덜 느낄까?' 나에 대한 배려가 먼저였다. 나는 더 이상 의무감으로, 억지로 착한 척하지 않는다. 모든 사람에게 잘 보이려고 노력하지 않는다. 내가 참가하기 힘들다고 느끼는 모임을 억지로 나가지 않는다. 타인의 부탁도 내가 부담을 느끼면 친절하게 거절하고 때로는 단호하게 말한다. 나의 언행이 상대방에게 상처가 되지는 않을까 걱정하지 않으려고 한다. 그것은 상대방의 '과제'이다. "너무 이기적인 거 아니야?"라고 묻고 있는가? 나는 이렇게 말하고 싶다. 이기적인 게 꼭 나쁜 것만은 아니다. 이기적이어도 괜찮다. 당신의 마음이 그렇게 행동하고 싶다면 그저 그렇게 하라. 중요한 것은 자신을 억압하지 않고 있는 그대로 허용하며 자유로워지는 것이다. 나를 챙기는 일에 남들 눈치를 그렇게 봐야 할 일이 뭐가 있을까. 그들이 나의 인생을 대신 살아 주는 게 아니지 않은가. 어찌 됐든 나를 대하는 방식으로 세상을 대하게 된다. 나의 마음을 소중히 여기고 사랑하는 만큼 타인의 마음도 소중하게 여길 수밖에 없다.

나를 사랑하는 연습을 하면서 가장 먼저 했던 것이 나의 감정을 허용하는 것이었다. 그것이 이기적인 감정이든, 분노이든, 복수심이든, 내 안에 있는 감정이 올라오도록 허용하고 그 감정이 하는 말을 들어줬다. 감정을 함부로 판단하지 않고, 억제하려 하지 않았다. 그게 나를 사랑하고 친절하게 대하는 방식이었다. 그런 연습을 꾸준히 하다 보니 어느새 나를 사랑하는 게 습관이 되어 버렸다. 그리고 나를 사랑하다 보니 그전에는 볼 수 없던 것들이 보이기 시작했다. 바로 타인의 이기적인 모습에서 나의 아픔을 보게 되는 것이다. 그전에는 미처 볼 수 없었던 타인의 상처가 보이기 시작했다. 이기적인 모습 그 자체보다 그 사람의 아픈 마음이 내게 전달됐다. 결국엔 다 나랑 똑같은 사람들이었다. 나처럼 상처받고 자신이 부족하다는 생각에 마음이 조급해지고 시야가 좁아졌다. 나는 그런 사람들을 만나면 자신의 그런 모습이 자연스러운 상태라는 걸 알려 주고 싶다. 그래도 괜찮다고. 그러니 자신의 이기적인 모습을 보면 그 모습도 받아들이고 천천히 자신을 돌아볼 시간을 갖길 바란다.

이 또한 나를 '먼저' 받아들였기에 타인을 이해할 수 있게 되는 거다. 나를 받아들이지 않은 상태에서는 타인의 이기적인 모습을 보며 손가락질하며 판단했을 것이 뻔하다. 그러니 나를 사랑하는 것이 남에게 베풀 수 있는 최상위의 가치이다. 나를 사랑하자. 나를 사랑한다는 건 억지로 누군가를 만족시키기 위해 자신을 혹사하지 않는 것이다. 지나친 의무감을 느끼지 않는 것이다. 당신이 마음의 부담을 느끼고 있다면 당장 자신을 보듬어 살펴라. 부담을 줄이기 위해 어떤 것들을 나와 멀리하고 어떤 것들은 가까이할지 내면의 목소리에 귀를 기울이라. 그것이 나에게 친절함을 베푸는 사람이 되는 길이다. 자신을 사랑하게 되면 당신은 세상을 사랑하게 된다. 세상이 당신을 사랑해 주길 바라는 것이 아니라 당신이 먼저 세상과 사랑에 빠지게 된다. 그러니 당신 존재를 언제나 사랑하길 바란다. **나를 사랑하는 것이 가장 큰 베풂이다.**

• 03 •

지금, 이곳에 현존하는 삶

"잠시도 쉬지 않고 미래를 향해 흘러가는 시간 속에서
우리가 느낄 수 있는 유일한 현실은 '지금'뿐이다."
- 브라이언 그린, 『우주의 구조』

가끔 알 수 없는 두려움에 빠질 때가 있다. 이 감정은 오랜 시간 느꼈던 공허함과 두려움이다. 그럴 때면 오지 않은 미래를 미리 두려워하며 걱정에 휘말린다. 그 순간 머릿속에는 온통 해야 할 일 목록들로 가득 찬다.

'뭔가를 해야 해! 빨리 성과를 내야 해!'

내 안에서 비상음이 울리는 순간이다. 갑자기 눈앞에 무엇이 있던지 눈에 보이지 않게 된다. 최근에 이런 갑작스러운 두려움을 느꼈을 때는 영국 여행 중이었다. 성인이 되고 처음 간 런던을 여행 중이면서 나는 온전히 그 순간에 존재하지 못했다. 내 눈앞에는 온갖 이색적이고 아름다운 풍경이 펼쳐졌지만, 나의 의식은 그 어디에도 없었다.

'내가 이렇게 여행해도 되려나. 돌아가면 해야 할 일이 뭐가 있었지…?'

그 생각과 함께 마음이 조급해지고 불안감에 의기소침해지는 나 자신을 느꼈다. 그리고 그때 깨어났다.

'지금에 집중하자. 지금. 내가 살 수 있는 순간은 오직 지금뿐이야.' 그리고 나는 스스로 물었다. '나의 유일한 목적이 **지금** 이 상태로 존재하는 것이라면? 그저 이 순간에 **존재**하는 것만이 내가 유일하게 해야 할 일이라면?' 나는 호흡에 의식을 집중하기 시작했다. 오직…. 지금, 이 순간에…. 존재한다…. 내 몸이 들숨에 부풀어 오르고 내쉬는 숨에 가라앉는 걸 느꼈다. 내가 있는 이 공간 속에, 이 순간 속에, 나는 그저 존재하고 있었다. 존재하는 나를 느꼈다. 그것만이 내가 해야 할 유일한 일이었다. '지금'은 끝이 없다. 지금은 영원과 같은 시간이다. 그 영원함 속에서 나는 지금, 이 순간만을 경험할 뿐이다. 나는 오직 지금을 경험하기 위해 이렇게 존재하고 있음을 스스로 상기시켰다.

그제야 눈앞에 있는 광경을 바라볼 수 있게 됐다. 이동 중이던 버스 창밖으로 보이는 런던 시내는 색깔이 넘치고 생동감이 넘쳤다. 작은 공원에는 어린아이들이 뛰어놀고 있었고 사람들은 햇살을 맞으며 야외를 즐기고 있었다. 한국에서는 보기 힘든 거대한 나무가 도심 한중간에 있었고 이국적인 유럽식 건물을 보니 눈이 즐거웠다. 나는 그것들을 경험하고 있었다. 오직 그 순간에만 집중했다. 그러자 내 머릿속을 가득 채우던 온갖 과업들은 어느새 사라지고 없었다. 나는 진정으로 **현존**하고 있었다.

인생 전체가 그렇다. 우리가 살 수 있는 시간은 오직 지금뿐이다. 과거와 미래는 존재하지 않는 시간이다. **우리가 경험하는 순간은 오직 지금뿐이고 '항상' 지금뿐이다.** 우리는 미래와 과거를 경험한다고 생각하지만, 그것은 착각이다. 내가 지나간 일을 후회할 때도 과거를 끌고 와 '지금' 경험하는 것이다. 오지 않은 미래를 걱정할 때도 불투명한 미래를 현재로 끌고 와 '지금' 경험하는 것이다. 역사상 가장 위대한 물리학자 중 한 명인 아인슈타인은 과거, 현재, 미래의 구별은 고질적인 환상일 뿐이라고 주장했다. 나는 물리학자는 아니지만, 과거와 미래에 정신이 팔려 있으면 스스로 상기시켜 준다. '과거와 미래는 존재하지 않는 허상이다.' 허상이 아닌 실체는 오직 지금뿐이다. 고로 과거와 미래가 아닌 현재를 살아야 한다.

현재를 산다는 건 무슨 의미일까? 나는 지금 글을 쓰고 있다. 그럼 나의 유일한 목적은 글을 쓰는 것이다. 당신은 지금 이 문장을 읽고 있다. 그럼 당신의 유일한 목적은 이 책을 읽는 것이다. 이렇게나 단순하지만 우리는 지금 속에서 자신을 너무 자주 잃어버린다. 산책하면서 오늘 내가 무슨 일을 해야 하는지 머릿속으로 과업을 정리하기 바쁘다. 출근길 걸어가면서 오늘은 또 어떤 일로 머리를 썩힐지 미리 걱정하고 스트레스받는다. 팀원들과 회의하다가 내가 SNS에 올린 포스팅에 '라이크'가 몇 개가 달렸을지 궁금해한다. 친구의 이야기를 듣고 있다가 갑자기 어제 연인이랑 싸운 일이 생각나 머릿속이 복잡해진다. 우리는 이토록 현존하는 것을 힘들어 한다. 현존하는 능력을 완전히 상실했다고 말해도 과언이 아니다.

나 또한 여전히 현재 속에서 자신을 잃고는 한다. 그래서 나는 매일 현존하는 훈련을 하고 있다. 이른바 '현존 훈련'이다! 매일 아침 그리고 잠들기 직전 20분 동안 명상을 진행한다. 불안감이 올라오면 곧바로 호흡에 집중하며 감정을 느껴본다. 지금 펼쳐지는 상황이 어떤 것이든 충실히 경험한다. 1년 전부터 산책이나 운동 갈 때는 핸드폰을 집에 두고 다니기 시작했다. 핸드폰은 우리 삶에 획기적인 편안함을 선물해줬지만, 동시에 집중력을 앗아갔다. 핸드폰을 집에 두고 산책한 뒤로 새삼스럽게 놀랄 때가 많다. '여기에 원래 이렇게 이쁜 꽃이 있었나?', '여기에 원래 이런 나무가 있었나?' 그렇게 자주 걸었던 길이면서도 난생처음 보는 듯한 꽃을 볼 때면 그동안 얼마나 무의식적으로 살았는지를 실감한다. 생명력을 온몸으로 뿜어내는 꽃을 눈앞에 두고도 장님처럼 보지 못했다. 나의 의식은 도대체 어디 있었던 걸까? 나는 무의식적으로 미래를 걱정하고, 과거를 회상하고, 핸드폰에 빠져 있었다. 그곳에 의식은 없었다. 그저 무의식에 지배된 행동만이 나를 이끌 뿐이었다. 어떻게 이렇게까지 된 건지 이런 나 자신에게 연민이 느껴질 정도이다.

우리는 지금을 경험하는 것 말고는 그 어떤 것도 할 수가 없다. 하지만 우리는 걱정하고, 자책하고, 후회하고, 원망하고, 계획하는 데 지금을 허비한다. 밥을 먹을 땐, 밥을 먹어라. 음식을 씹어 먹으며 그것이 내 입안에서 어떤 느낌인지 음미해 보라. 산책할 때는 산책을 해라. 핸드폰만 내 손에 없어도 많은 것들이 눈에 들어오기 시작한다. 눈앞에 있는 나무의 생김새를 한번 깊이 바라보라. 계절에 따라 나뭇잎의 색깔이 변하고 있는지 관찰해 보라. 산책하는 그 순간에 공기는 어떤지 숨을 깊게 들이마셔 온몸에 공기를 꽉 채워 보자. 그렇게 그곳에 존재하기를 바란다. 당신에게는 현존하는 힘이 있다. 그저 나의 의식을 지금, 이곳으로 다시 가지고 오면 된다. 만약 당신이 미래에 대한 걱정으로 머리가 복잡해진다면 그 순간에 정신을 똑바로 차리고 의식을 깨워내기를 바란다. 그리고 당장 눈앞에 있는 것을 보라. 그것을 **그저 보라.** 생각하지 말고 그냥 보라. 무엇이 보이는가? **그것만이**

당신의 유일한 현실이다. 그것을 알아차리고 받아들여라. 그러면 얼마든지 중심을 되찾을 수 있다. 현존할 때 우리는 힘을 얻을 수 있다.

또 다른 효과적인 방법은 곧바로 나의 호흡에 의식을 집중하는 것이다. 불필요한 일로 걱정이 밀려올 때 그것을 알아차리고 곧장 호흡에 집중해 보자. 당신의 몸이 숨을 쉬고 있다는 것을 인지하라. 숨이 없으면 당신의 몸은 생명력을 잃는다. 숨을 들이마실 때 몸이 부풀어 오르고, 내쉴 때 몸이 수축하는 것을 느껴 보라. 모든 의식을 총동원해 호흡에 집중하라. 아주 잠깐이면 된다. 당신이 현존하는 데 필요한 시간은 아주 잠깐이다. 현존을 경험하는 방법은 이렇게나 쉽고 단순하다.

현재는 아무런 문제가 없다. 문제라고 느끼는 이유는 당신이 현재를 저항하고 있기 때문이다. 눈앞에 보이는 것이 무엇이든, 그것에 대한 나의 반응이 무엇이든 그저 받아들여라. 그것만이 당신이 경험할 수 있는 유일한 현실이다. 현재 말고는 어떤 순간도 존재하지 않는다. 당신의 삶이 유일하게 숨 쉬고 있는 곳, 지금 바로 여기. 이 순간이다.

•04•

감각을 열자 새로운 삶이 보였다

> "자신이 현존하고 있지 않다는 것을 아는 것만으로도
> 아주 큰 수확입니다. 그러한 앎에 눈뜨는 것이 현존입니다."
> - 에크하르트 톨레, 『지금 이 순간을 살아라』

요즘 나는 하늘을 자주 올려다본다. 집 앞에서 보는 하늘이지만 어느 날은 파리에서 봤던 하늘이 보이고 어느 날은 가족여행 할 때 봤던 하늘을 보곤 한다. 파리에 가지 않아도, 굳이 여행을 가지 않아도 이렇게 집 앞에서 여행 중인 느낌을 만끽한다.

우리가 여행을 즐기는 이유는 뭘까? 여행을 떠나면 나의 일상과 달리 모든 것이 새롭게 느껴진다. 새로운 도시의 풍

경, 향기, 분위기, 사람들, 날씨가 나의 모든 감각을 자극한다. 잠들어 있던 감각들이 깨어나고 의식이 깨어나면서 우리는 온통 그 순간에 몰입하게 된다. 하지만 그것마저도 첫 하루 이틀이다. 점점 피곤해지고, 같이 간 사람과 의견이 맞지 않고, 날씨까지 따라 주지 않으면 더 빨리 흥미를 잃는다. 결국 여행을 가서도 핸드폰만 들여다보고, 회사 일 걱정에 머릿속은 복잡해지고, 점점 다시 무감각해진다.

올해 초에 친구와 둘이서 보라카이 여행을 갔다. 우리의 숙소는 세계 3대 해변으로 꼽히는 눈부시게 아름다운 해변 바로 앞에 있었다. 그중 하루는 숙소 근처로 밥 먹으러 갔는데 옆 테이블에 한 가족이 앉아 있었다. 6명이 앉아 있는데 어른 한두 명 빼고는 전부 다 핸드폰만 들여다보고 있었다. 다들 '휴양지룩'으로 멋지게 입고서는 무표정으로 핸드폰에 정신이 뺏겨있었다. 고개만 돌리면 현실인지 그림인지 구별이 안 될 정도로 아름다운 해변을 옆에 두고 그들의 시선은 전부 아래로 향해 있었다. 테이블 사이로 오가는 대화는 없었고 그들의 표정은 결코 행복한 모습이 아니었다. 그 테이블에 누구도 행복해 보이지 않았다.

그 모습을 보면서 나의 모습을 보는 것도 같았다. 여행하면서 그 순간을 즐기기보다는 어떻게든 사진 한 장 건지겠다고 이렇게도 찍어 보고 저렇게도 찍어 보고 온통 그것에 혈안이 되어 있었다. 단지 사진이 이쁘게 나오지 않았다는 이유로 기분이 상했다. 내 몸뚱이는 왜 이렇게 짧아 보이는지, 어깨는 왜 이렇게 구부정한지. 나의 의식은 온통 불만족스러운 부분에 초점이 맞춰져 있었다. 핸드폰 속에 있는 나의 모습에 그렇게나 집착했다. 정작 내 뒤에 펼쳐진 광활한 자연은 까마득히 잊은 채 말이다.

지금은 많이 달라졌다. 물론 지금도 '인생샷'을 건지면 기분이 좋다. 하지만 그것 '때문에' 나의 행복이 좌우되는 건 아니다. 나를 더욱 기분 좋게 할 뿐이다. 지금은 그냥 집 앞에서 하늘을 보고, 나무를 보고, 공원에서 사람들이 운동하는 모습을 보기만 해도 모든 것이 새롭게 느껴진다. 내가 살아 있음을 느끼고 그 감각이 나를 충만하게 만든다. 이렇게 되기 위해서 내가 노력한 것은 그저 **알아차리는** 것이었다.

핸드폰에 나의 정신이 뺏겨 있을 때 그것을 단순히 알아차리면 된다. 지금 눈앞에 있는 일보다 다른 일로 정신이 사로

잡혀 있을 때 그것을 알아차리면 된다. '인생샷'에 집착하고 있을 때 그것을 알아차리면 된다. 그리고 눈앞에 있는 것에 다시 의식을 집중하자. 마음의 소리를 음소거 시킨다. 대신 주변에 들리는 소리에 귀를 기울여보라. 하늘을 한 번 올려다보라. 내 손바닥이 무슨 느낌인지 느껴 보라. 손바닥을 느끼고 있는 나를 지켜보라. 눈앞에 배우자가, 친구가, 가족이 앉아 있다면 그 사람의 **존재**를 보라. 감각을 계속 열어라. 지금 당신이 사는 이 세상을 **느껴** 보라.

우리가 사는 이 세상은 풍요로움의 표본이다. 우리는 태어나기를 풍족하게 태어났다. 우주에서 가장 아름다운 별이 지구별이라고 한다. 우주에서 가장 아름답다는 별을 이렇게 경험할 수 있는 것 자체가 특혜이다. 신의 미술작품처럼 보이는 하늘과 구름, 마음껏 뛰어놀 수 있는 초원, 보석처럼 빛나는 바다. 이 모든 것들을 우리는 아무런 대가 없이 누릴 수 있다. 우리는 진정으로 풍요로움 속에서 태어났다.

풍요로움을 온몸으로 느낄 수 있도록 감각을 열자. 꼭 자연이 아니어도 된다. 음악, 미술, 요리, 운동 자신이 관심 있는 것으로 시작하면 된다. 우리의 감각을 깨울 수 있는 기회는 주변에 깔려 있다. 우리는 어디를 '가야'만 행복을 찾을 수 있다고 믿는다. 그렇게 믿고 있다면 그런 나의 모습 또한 알아차려라. 그리고 다시 지금을 느끼는 데 집중하면 된다. 지금 여기서 행복을 찾을 수 있다. 여기서 행복하면 당신은 어디를 가도 행복할 것이다.

어렸을 때는 이 세상 전체가 놀이터였다. 어디를 가도 행복했다. 시멘트 바닥만 보고도 호기심을 갖고 좋다고 데굴데굴 굴렀다. 모래의 촉감을 느끼고 지나가는 벌레 한 마리도 놓치지 않았다. 우리는 어린 시절 벌레를 보고 징그럽다고 겁먹지 않았다. 남들과 나를 비교하며 나는 왜 이렇게 키가 작냐고 투덜대지 않았다. 겨울에는 눈이 얼어 미끄러워진 땅바닥을 불평하지 않았다. 오히려 그곳에서 스케이트를 타듯이 미끄러지고, 넘어지며 즐거움을 만끽했다. 세상을 있는 그대로 바라보고 그저 즐겼다. 모든 감각이 열려 있었고 이 세상은 나의 호기심을 자극하는 요소들로 가득 찼다. 그때로 돌아가는 것이다.

니체는 정신 3단계에서 최종 단계를 '어린아이'라고 했다.

우리는 다시 어린아이로 돌아갈 수 있다. 갈수록 나이가 들어서 감각이 닫히는 것이 아니다. 우리가 **의식하지 않아서** 감각이 닫히는 것이다. 매일 똑같은 길을 걸어도 그 길은 결코 같은 길이 아니다. 매일 똑같은 강을 지나도 그 강은 어제와 다른 강이다. 매 순간 이 세상은 변하고 있다. 우리는 그 찰나 속을 경험하는 것이다. 그것을 알아차리고 감각에 집중하라. 감각이 열리면 이 삶은 풍요로움으로 가득할 것이다.

• 05 •

안정적으로 퇴보하라는 뜻인가?

> "한자리에 머물러 안주하면 녹슬어 버리는 게 인간이다.
> 고로 인간에게 진정한 안정은 움직임이다."
> - 고명환,『고전이 답했다 마땅히 살아야 할 삶에 대하여』

"너는 너의 특별함에 대해서 어떻게 생각해?"

"나는 아주 멋있다고 생각해"

엄마가 농담하듯 나에게 물었다. 아무래도 대기업을 퇴사하고 나와서 책 쓰면서 결혼도 안 하는 나의 모습을 보고 '특별하다'고 칭찬해 준 것 같다. 이런 걸 정신 승리라고 하는 건가. 칭찬이 아닌 건 알지만 유쾌하게 살아서 나쁠 것이 뭐가 있겠는가. 나는 칭찬으로 받아들이기로 했다. 엄마는 내가 평범하게 살기를 바란다. "너는 왜 평범한 걸 싫어하는 거야?" 묻고는 하는데 싫은 걸 어떡하겠는가. 나는 솔직히 평범하게 살고 싶지 않다. 그게 뭐가 매력적인지 모르겠다. 나는 특별하게 살고 싶다. 그게 그렇게 잘못된 걸까?

'평범하다'라는 말의 국어사전 의미는 '뛰어나거나 색다른 점이 없이 보통이다.'라는 뜻이다. 이 뜻 자체가 너무 매력이 없다. 나는 보통이고 싶지 않고, 뛰어나고 싶고, 나만의 색깔로 빛나는 사람이 되고 싶다. 그게 인간의 욕구 아닌가. 왜 평범하다며 자신을 억눌러야 하는 건지 이해가 안 된다. 인간은 모두 자신의 정체성을 강화하고 싶은 욕구가 있다. 자연스러운 욕구이다. 그것을 인정하는 것뿐이다.

하지만 우리 부모님도 그렇고 많은 사람이 평범한 걸 추구한다. 왜냐하면 평범은 안정적이라고 느끼기 때문이다. 왜 이렇게 모두가 안정적인 걸 원하는 걸까? 안정적인 게 도대체 뭘까? 왜 나는 그게 숨 막히게 느껴지는 걸까?

안정적으로 살라는 말이 나에게는 족쇄처럼 느껴진다. 아무것도 하지 말고, 변화하려고도 하지 말고, 정체되어 있으라는 말처럼 들린다. 천천히 퇴보하면서 그곳에서 '나는 안정적이고 행복하다'라고 세뇌하면서 살라는 말처럼 들린다. 새장 안에 갇혀 살면서 그 안에서 보람을 찾고 행복을 찾으라는 말처럼 들린다. 나는 절대 그렇게 살 수 없다. 그러기에는 새장 밖의 세상이 얼마나 넓은지 알기 때문이다. 그 세상을 탐구하고 모험하고 싶다. '나'로서 그 넓은 세상을 경험하고 싶다. 광활함을 경험해 보고 싶다. 나를 세상에 보여 주고 싶다. 자아를 실현하고 싶다!

그러니 나에게는 오히려 '안정적으로 살라'는 말이 더욱 큰 불안감을 일으킨다. 안정적인 느낌보다는 위태롭게 느껴진다. 우주는 본질 자체가 변화무쌍하다. 우주 만물이 매 순간 변하고 있다. 우리의 세포는 매일 변하고 있다. 1년 뒤면 우리의 겉모습은 똑같을지라도 우리 몸은 완전히 다른 세포와 성분을 가진 새로운 생명체가 되어 있다. 이처럼 모든 생명체는 변화한다. **그래야 살 수 있다.** 변하려고 하지 않고 안정적으로 살라는 말은 우주의 흐름에 맞춰 살라는 게 아니라 우주에 맞서 싸우라는 말이다. 실제로 우리의 뇌는 자신의 가능성을 넓히는 도전 과정에서 도파민을 분비한다. 아무런 도전 없이 똑같은 삶을 반복하면 뇌는 행복하다고 느끼지 않는다.

내가 생각하는 안정적인 삶은 이런 것이다. 내 안의 무한한 가능성을 경험하면서도 언제든지 내가 돌아올 수 있는 나의 중심이 있다는 사실을 아는 것이다. 나의 중심은 내면에 있다. 내면의 '진짜 나', 그것이 나의 중심이다. **고로 나를 진정으로 알아야만 절대적으로 안정적인 삶을 살 수 있다.** 나라는 존재를 알지도 못한 채 그저 남들이 다 하니까 똑같이 회사를 가고, 가정을 만들고, 친구들을 만나는 삶에는 중심이 없다. 나에게는 그것이 '삶'처럼 느껴지지 않는다. 그 삶은 너무 외롭다.

'심심한' 삶 또한 안정적이라고 생각하지 않는다. 나를 알아가는 삶에는 심심함을 느낄 새가 없다. 내 안에 무한한 가능성이 있는데 그것을 알아가기도 바쁘다. 이것을 남들과 공유하고 나누고 싶은 마음에 내 안에는 에너지가 솟구친다. 심심해서 사람을 만나는 게 아니라 **사랑해서** 사람을 만나게 된다. 내가 느낀 기쁨을 다른 사람에게 나눠주고 싶고 영감을 주고 싶은 마음은 나를 적극적으로 행동하게 만든다. 세상을 놀이터처럼 뛰어놀고 싶은 마음이 나를 가만두지 않는다. 두려워할 새가 없다. 남과 나를 비교할 새도 없다. 그저 세상을 경험하고 싶어 몸이 근질근질할 뿐이다! 나를 알고 싫어서 미칠 지경이다!

물론 나는 남들처럼 회사에서 일하고 가정을 이루지 않겠다는 말이 아니다. 그 뿌리가 '심심해서', '외로워서', '남들이 하니까'가 아닌 '사랑해서'이기를 바라는 것이다. 내가 사랑하는 일을 하고 싶고, 사랑하는 사람과 가정을 이루고 싶다. **내가 사랑하는 삶을 살고 싶다.** 그 삶을 찾기 위해서는 경험을 해 봐야 한다. 경험하지 않고는 알 수가 없다. 당신이 슬픔이라는 감정을 어떻게 아는가? 경험했기 때문에 안다. 당신이 초콜릿이 맛있다는 걸 어떻게 아는가? 경험했기 때문에 아는 것이다. 인간은 자신이 경험을 해 봐야만 알 수 있다. 마찬가지로 내가 원하는 삶이 무엇인지 알기 위해서는 다양한 경험을 해 봐야 알 수 있다. 결국 삶의 모든 것은 '경험'이다. 우리는 경험하기 위해 이 지구별을 여행 중인 것이다. 스스로 경험을 제한하지 말아라. 그렇게 삶이 축소되고 제한되는 것이다.

나는 나를 경험하고 싶다. 우리는 단 한 명도 겹치지 않는 각자만의 개성을 가지고 태어났다. 당신은 자신이 어떤 개성을 가졌는지 알고 있는가? 그것을 탐구하는 삶은 영감이 넘쳐난다. 우리는 태어나기를 '평범'하지 않게 태어났다. 이 세상에 그 누구도 당신과 똑같은 색깔을 가지고 태어나지 않았다. 심지어 다른 이의 색깔과 혼합되어 이 세상에 없는 또 다른 색을 만들어 낼 수도 있다. 우리의 가능성은 그야말로 무궁무진하다는 뜻이다! 경쟁할 필요가 없다. 당신 존재 자체가 독보적인 경쟁력이다. **그냥 당신이 되어라.** 무언가가 되려고 애쓸 필요가 없다. 자신을 경험하고 자신이 되어라. 그러면 당신은 그 자체로 특별하고 고유한 존재가 될 것이다. 누가 스포트라이트를 비춰 주지 않아도 존재 자체만으로도 발광하는 빛이 될 것이다.

'코이의 법칙'이라는 것이 있다. 어항에서 자라는 잉어는 5~8cm밖에 자라지 못하지만, 강물에서 자라는 잉어는 120cm까지도 성장한다. 이처럼 나의 경험과 환경을 제한하는 순간 나는 딱 그 정도의 사람이 되는 것이다. 자신을 새장 속에 가두지 말자. 계속 더 큰 꿈을 꾸고 자신의 능력을 발휘해라. 실패도 경험해 보고 자신의 한계도 경험해 보라. 사랑도 해 보고 상처도 경험해 보라. 왜냐하면 그 모든 것들을 경험할 수 있는 삶이 우리의 유일한 기회이기 때문이다. 그곳에서 우리는 교훈을 얻을 수 있다. 모든 것이 경험이다. 우리는 본래가 장엄하고 모험적인 존재다. 진정으로 한계가 없는 무한한 영적인 존재다. 자신의 존재를 알고 나다운 삶을 살 때 우리는 진정으로 안정적인 삶을 살 수 있을 것이다.

• 06 •

감정은 왜 존재하는가?

"그래서 저 노을이 지듯이 내 목숨이 사라질 때
내 혼이 부끄럼 없이
당신에게 갈 수 있게 하소서."
- 류시화, 『잠언 시집 - 지금 알고 있는 걸 그때도 알았더라면』, 「인디언 기도문」

한때 감정이 왜 존재하는 건지, 왜 인간은 이런 형태인 건지 이해할 수 없었다. 감정은 도대체 뭐길래 우리를 이렇게 힘들게 하는 걸까? 왜 우리는 이렇게 고통에 취약한 걸까? 슬픔에 빠지면 행복했던 기억은 금세 잊고 그저 모든 것이 끝나기를 바랐다.

사실 지금도 나는 그것을 이해할 수 없다. 하지만 그저 받아들일 뿐이다. 이 모든 것을 우리가 창조했음을 받아들인다. 우리는 자신을 궁금해하고 표현하고 싶은 욕구가 있다. 그러지 않고서야 이 세상에 그렇게 많은 심리테스트가 돌아다니지 않을 것이다. MBTI가 열풍을 부는 것도, 사주카페가 항상 시내 중심가에 위치하는 것도, 우리는 전부 자신이 궁금하다. 나를 알고 싶고 표현하고 싶어 한다.

'표현'에 대한 욕구가 있다. 나를 드러내고 싶어 한다. 어쩌면 우리는 그런 세상 속에 살고 있는지 모르겠다. 나를 밖으로 '표현'하는 세상이다. 가끔 이런 생각을 해 본다. 이 세상이 전부 거대한 무대라면? 그래서 각자가 가지고 있는 개성을 표현하기 위해 이곳에 온 것이라면? 이 세상은 그저 대규모의 극히 현실적인 아바타들의 세상이라면? 이 가정을 적용하면 우리는 자신을 표현하려고 이곳에 존재하는 것이다. 그리고 **표현하기 위해서는 감정이 필요하다.**

표현은 아주 다양한 형태로 나온다. 예를 들어 이 책도 감정이 없었다면 이 세상에 나오지 않았을 것이다. 내가 지금 책을 쓰고 있는 노트북도, 색색의 꽃들도 존재하지 않았다. 단 하나의 구절만으로 영혼의 심금을 울리는 시가 존재하는 것도, 바라보기만 해도 빠져드는 예술 작품이 존재하는 것도 감정이 있기에 존재한다. '이쁘다', '아름답다', '불편하다', '향기롭다', '외롭다' 수많은 감정이 우리를 행동하게 만든다. 불편함을 개선하기 위해서 기술이 발달하고, 아름다움을 즐기기 위해 다양한 꽃이 생겨나고, 내 감정을 표현하기 위해 시를 짓고, 사람들과 나누고 싶은 마음에 책을 쓴다. **감정이 있기에 이 세상이 존재하는 것이다.**

나를 표현하기 위해 사용하는 도구가 바로 감정이다. 하지만 어느새 우리는 감정에 지배되고 말았다. 감정은 우리를 표현하는 데 사용되는 도구일 뿐임을 망각하고 그것을 '나'와 동일화했다. 그래서 분노를 느끼면 이성을 잃고 격분한다. 아름다움을 느끼면 즐기기보다는 집착한다. 욕망을 느끼면 그런 내가 수치스러워서 억누른다. 이 모든 것이 감정을 '나'라고 생각하기 때문이다. **감정은 내가 아니다.** 지금까지 감정이 참을 수 없을 만큼 고통스럽게 느껴졌던 이유는 감정이 나라고 생각했기 때문이다. '진짜 나'는 감정이 아닌 **감정을 경험하는 자**이다. 감정이 내 안에서 발화 후 활약하는 동안 '진짜 나'는 더 깊숙한 곳, 감정의 배후에서 그 모든 과정을 관찰하는 자이다. '진짜 나'라는 참나는 감정을 경험할 뿐이다. 모든 것은 경험이다. 우리는 경험하기 위해 이곳에 존재하고 있다.

우리는 감정을 경험하고 밖으로 표현하기를 '의식적으로' 선택할 수 있다. 그때는 감정에 지배된 것이 아니라 감정이 내 안에 있음을 '인정하고' 의식적으로 표현하는 것이다. 예컨대 상대방이 나의 마음을 함부로 여겨서 분노가 올라올 때, 나는 분노를 느끼며 감정을 표현할 수 있다. 그 표현은 이럴 것이다. "내가 지금 기분이 좋지 않은데 네가 나의 마음을 당연시하는 것처럼 느껴져서 그런 것 같아. 나의 마음을 소중하게 여겨 줬으면 좋겠어." 하지만 감정에 지배되어 감정이 직접 표현할 때는 어떻게 되는가? "너는 왜 고맙다는 말을 안 해? 사람이 마음을 표현했으면 고맙다고 말을 해야지!" 그 결말의 끝이 어떨지는 모두가 예상할 수 있을 것이다. 이처럼 감정이 나와 동일화되는 순간을 알아차릴 수 있어야 한다.

감정을 나와 분리해서 바라봐야 한다. 감정은 그저 내 안에서 올라왔다가 자신의 존재를 드러내고 나를 스쳐 지나가는 에너지 덩어리다. 나는 종종 강한 감정이 올라올 때면 내 안의 우주처럼 넓은 텅 빈 공간에 색깔을 띠는 연기가 뿜어져 올라오는 모습을 상상한다. 여러 가지 색깔의 연기가 만나 자기들끼리 춤을 추듯이 뒤섞이고 얽히며 소용돌이를 일으킨다. 그 과정에서 색깔이 짙어져서 연기가 더 찐해 보인다. 그 모습을 계속 관찰하다 보면 어느새 연기가 서서히 연해지다가 끝내 사라져 버린다. 그리고 나의 내면의 공간은 다시 텅 빈 상태가 된다. 그때 나의 중심에서 세상을 바라볼 수 있게 된다.

감정은 우리의 세상을 훨씬 더 풍요롭게 만든다. 하지만 감정이 당신을 얼마나 힘들게 만들 수 있는지를 나도 경험해서 알고 있다. 일단 인간이라면 감정을 느낄 수밖에 없음을 받아들일 필요가 있다. 수용은 나의 내면의 공간을 넓혀 준다. 그 넓은 공간에서 감정을 관찰하는 자가 되어라. 우리는 감정이 있기에 지금처럼 책을 읽을 수 있고, 사람을 만나고, 사랑을 느낄 수 있다. 감정이 있기에 '나'를 경험할 수 있고 생명을 느낄 수 있다. 감정이 어떤 것이든 내 안에 있다면 그것을 사랑하고 허용할 수 있기를 바란다. 우리는 진정으로 생명이 넘치는 세상에 살고 있다. 당신이 감정을 허용하면 마침내 감정으로부터 자유로워질 수 있다. 그러면 이 세상이라는 거대한 무대에서 당신의 존재를 마음껏, 자유롭게 '표현'할 수 있을 것이다. 그러기 위해서 감정이 존재하는 것이다.

• 07 •

나를 다시 태어나게 해 준 3가지 습관

"기상 후 2~3시간을 '뇌의 골든타임'이라고 부르는데,
뇌가 가장 활발하게 움직이는 시간대이기 때문이다."
- 가바사와 시온, 『당신의 뇌는 최적화를 원한다』

'불안하다….'

지금도 내 안에는 알 수 없는 불안감이 올라올 때가 있다. 그럴 때면 의기소침하다. 하지만 나에겐 더 이상 감정이 문제가 되지 않는다. 감정이 올라오면 그것을 즉시 알아차리고 해소하는 작업을 진행하기 때문이다. 감정을 바라보고 해소하는 일은 매 순간 진행할 수 있다. 사람들은 자신을 들여다보는 일을 어느 순간 '시간을 내서' 각 잡고 해야 한다고 생각

하는 경우가 많다. 하지만 그 일을 그런 식으로 미룰 필요가 없다. 나를 들여다보고 느끼는 작업은 매 순간 할 수 있다. 내가 출근할 때, 친구와 이야기할 때, 운동할 때도 가능하다. 나는 내 감정을 해소하는 일을 인생에서 최우선으로 여긴다. 그것만 정상적으로 되면 나머지 모든 인생사는 알아서 해결될 것을 알기 때문이다.

이번 장에는 내가 어떻게 매일매일 감정수련을 진행하는지 작성해 보려고 한다. 무엇이든 매일, 꾸준히 하는 것에는 엄청난 힘이 있다. 자신이 정한 한 가지를 매일 한다는 것은 그 사람은 어떤 것도 습관으로 만들 수 있다는 뜻이다. 습관은 우리의 무의식에 쌓이고, 무의식이 우리의 삶을 결정한다. 결론은 우리가 매일 하는 행동이 삶을 창조한다는 것이다. 나는 지금까지 인생에서 매일 무엇인가를 해 본 적이 없었다. 새해가 될 때마다 일기 쓰는 걸 목표로 정해 봤지만, 최대 길게 한 것이 2달이었다. 이 정도도 나름 선방이었다. 하지만 그런 나에게 힘을 드리지도 않고 1년 넘게 꾸준히 매일 유지해온 것이 있다. **바로 명상, 일기, 독서다.** 내가 매일 아침 눈 뜨자마자 순서대로 진행하는 것이 이 3가지이다. 이 습관이 나의 인생을 송두리째 바꿨다.

첫 번째는 명상이다. 명상은 그야말로 나를 중심으로 다시 세워 주고 감각을 깨워 주는 데 핵심 역할을 한다. 명상을 시작하게 된 계기는 그냥 어느 날 문득 '명상이나 해 볼까?'라는 생각에서 시작됐다. 그렇게 처음에는 유료 명상 앱을 사용하면서 시작했다. 처음에는 열정이 넘쳤기에 망설임 없이 유료 구독 서비스를 신청했다. 하지만 핸드폰을 항상 켜야 하는 게 나한테는 걸림돌이었다. 그래서 1~2주 하다가 나와 맞지 않다고 판단해 또 망설임 없이 구독을 취소했다. 명상에 대한 미련은 계속 남아 있었다. 책에서 명상은 일어나자마자 하는 게 좋다는 것을 배워서 실행했다. 그리고 아는 사람이 단 한 명도 없는 2박 3일 명상 트립도 다녀왔다. 이유는 모르겠지만 명상에 진심이었다. 혼자 간다는 것이 두렵기도 했지만, 그냥 나처럼 명상에 관심이 많은 사람이 올 거라 생각했다. 그리고 뭔가를 배우고 싶으면 그것을 가르치는 사람한테 직접 찾아가는 것이 지름길이라 믿었다.

물론 처음에는 3분조차도 혼자 하는 게 힘들었다. 3분이 그렇게 긴 시간일 수 있다는 것을 태어나서 처음 경험해 봤다. 코는 왜 이렇게 간지러운지, 자세는 왜 이렇게 불편한지, 그냥 가만히 있는 게 이렇게 힘들 수 있다는 사실이 충격이었다. 그리고 그 짧은 시간에 나의 머릿속에는 온갖 생각이 몽글몽글 피어올랐다. 근데 정말 신기하게도 명상을 하면 할수록 끝내기가 아쉬워졌다. 그렇게 5분, 10분, 15분 늘려가다 보니 눈 뜨자마자 40분도 이어 할 수 있게 됐다.

명상을 꾸준히 하면서 소음보다는 무음에 집중하는 능력이 생겼다. 우리는 소음에 너무 익숙해져 있다. 주변에는 언제나 소음이 있기에 침묵이 어색하고 견디기 힘들다고 느껴진다. 하지만 모든 소음이 존재하는 이유는 그 배후에 무음이 있기 때문이다. **무음이 있기에 소음이 존재할 수 있다.** 모든 잡음을 받쳐 주는 바로 그 무음에 집중하면 주변이 시끄럽더라도 집중할 수 있다. 소음 사이에는 틈이 있다. 그 틈에서 적막을 느낄 수 있다. 바로 그 틈에 집중하는 것이다. 틈에 집중하다 보면 그것이 곧 전체라는 걸 알 수 있다. 모든 감정을 받쳐 주는 나의 텅 빈 공간을 느끼듯이, 모든 소음을 받쳐 주는 무음에 의식을 집중하면 된다.

그렇게 있다 보면 내면에 고요함이 찾아온다. 내 안의 깊숙한 곳으로부터 중심이 잡히는 느낌을 받는다. 어느 순간 마음속에도 소음이 사라진다. 이 경험을 자주 하다 보면 나의 마음속이 어지러울 때도 더 빨리 인지할 수 있다. 평온한 상태를 알기 때문이다. 평온한 상태가 어떤 느낌인지를 알기 때문에 평온하지 '않은' 상태도 더 빨리 인지할 수 있다. 나의 마음이 어지러운 상태를 알아차리면, 그때 곧바로 감정을 느껴 본다. 감정을 해소하는 작업에 들어가는 것이다.

감정을 해소하는 방법 중에 내가 가장 많이 활용하는 2가지는 아래와 같다.

1. 몸으로 느껴 보기
2. 글로 작성하기

감정을 몸으로 느끼는 것 또한 일종의 명상이라고 생각한다. 감정이 나의 몸으로 어떻게 표현되는지를 느껴 보는 것이기 때문이다. 눈을 감고 시야를 차단하면 느끼는 데 도움이 된다. 굳이 감정에 이름표를 달고 "이건 우울함이네…. 이건 무기력이네…." 정의하지 않는다. 그저 나의 몸이 '어떻게' 느껴지는지 의식을 집중한다. 무기력증과 같은 감정은 블랙홀에 빠져들 듯이 어딘가로 계속 빨려 들어가는 느낌이 있다. 그러면서 땅으로 축 꺼지는 느낌이 든다. 이 감정을 **저항하지 않고** 계속 느낀다. 그것을 있는 그대로 바라보고 느끼다 보면 감정은 어느새 사라진다. 감정이 내 안에 계속 존재하는 이유는 내가 저항하기 때문이다.

감정을 몸으로 느껴 보는 것은 어느 순간에나 할 수 있다. 앞서 말했듯이 출근길 지하철에서도 얼마든지 눈을 감고 감정을 느껴 보는 시간을 가질 수 있다. 몸으로 느끼는 것과 병행하는 방법이 감정을 글로 작성해 보는 것이다. 내가 아침 일기를 쓸 때가 바로 이 시간이다. 어떤 일이 있었다는 일과에 관한 내용보다는 내가 느낀 감정을 더 세세하게 작성해 본다. 나는 이것을 '무의식 일지'라고 부른다.

감정적인 반응은 대부분 무의식적으로 일어난다. 그것을 감지했으면 그 순간 1. 몸으로 느껴 보고 조금 더 깊이 들어가기 위해서 2. 무의식 일지를 작성한다. 무의식 일지는 나의 심연으로 깊이 들어가는 작업이다. 내가 무의식적으로 느낀 감정이 무엇이고 그것을 왜 느꼈는지 작성해 보는 것이다.

내면으로 깊이 들어가다 보면 맨 밑바닥에는 하나의 '신념'을 찾을 수 있다. 신념을 찾아낼 때는 땅을 깊숙이 파고 들어가 마침내 보석을 발굴해 내는 것과 같다. 자신이 오랜 시간 동안 무의식적으로 믿어온 신념을 찾는 것이다. 예를 들어, '경쟁해서 이겨야만 성공할 수 있다'는 믿음이다. 이런 신념이 매 순간 남들과 나를 무의식적으로 비교하게 만들고, 남들의 성취에 불안감을 느끼고, 사람들을 의심하게 만든다.

일단 뿌리 깊은 신념을 찾게 되면 그것만으로도 엄청난 해소가 일어난다. 전보다 나를 훨씬 더 깊이 이해할 수 있기 때문이다. 그것만으로도 내 안에 막혀 있던 통로가 뻥 뚫리는 느낌을 받을 수 있다. 하지만 '신념 찾기'의 진짜 묘미는 나에게 **선택할 수 있는 자유**가 부여된다는 것이다. 신념을 찾으면 이제 나는 선택할 수 있다. 끝까지 믿고 갈 것인가 아니면 새로운 신념으로 교체할 것인가. '경쟁해서 이겨야만 성공할 수 있다'라는 신념 대신 '협력해야만 성공할 수 있다'라는 신념은 어떤가? 이 순간이 바로 우리가 그토록 바라는 **변화의 씨앗**이 심어지는 순간이다.

새로운 신념은 오래된 신념이 심어진 방식과 똑같이 주입

할 수 있다. 바로 **반복 노출**이다. 우리 안에 있는 오래된 신념은 어린 시절부터 우리에게 반복 노출된 결과이다. 부모님이 남들과 지속해서 경쟁해 온 모습을 봐 왔거나, 학교에서 그렇게 교육받아 왔거나, 경쟁하는 미디어를 즐겨 봤던 경험에서 나온다. 그 경험을 통해 부지불식간에 우리의 무의식에 심어졌다. 똑같은 방식으로 새로운 신념을 나에게 심어 주면 된다. 이게 '무의식 일지'의 힘이다. 나를 더욱 깊숙이 이해할 수 있게 되며 새로운 인생을 살 수 있도록 인도해 준다.

마지막으로 독서다. 단언하는데 책은 지금의 나를 있게 해 준 가장 핵심의 뿌리이다. 내 인생의 보배이다. 책에는 인생의 답이 있다. 누군가가 나를 붙잡고 아주 영광스럽게 "어떻게 하면 저도 인생의 변화를 맞이할 수 있을까요?!"라고 묻는다면, 나는 딱 2가지만 답할 것이다. "감정을 허용해 주세요 그리고 책을 읽으세요." 책의 가치는 차마 시간과 돈으로 매길 수가 없다. 내가 말하는 것보다 세계적인 유명인의 입을 빌려 말하는 것이 더 효과적이겠다.

"독서를 이기는 건 없다."

- 워런 버핏

"하버드 대학 졸업보다 중요한 것이 독서하는 습관이다."

- 빌 게이츠

"좋은 책을 읽는 것은
과거의 가장 뛰어난 사람들과 대화를 나누는 것과 같다."

- 데카르트

가장 빨리 배우는 방법은 멘토를 찾는 것이다. 직접 만나는 것이 가장 효과적이겠지만 현실상 어려울 때가 많다. 그럴 때 그들을 가장 빠르게 만날 수 있는 경로가 바로 책이다. 수백만 원을 내지 않고도 나는 책을 통해 인생의 지혜를 배웠다. 절대 단 한 번의 일생으로는 얻을 수 없는 지혜이다. 환생이 존재한다면, 내가 환생을 10번은 해야 얻을 법한 지혜가 책에 담겨 있다. 그야말로 책의 가치는 측정이 불가하다. 인생에는 감사할 일이 수두룩하지만, 그중의 하나가 이 세상에는 책이 있다는 사실이다. 책을 세워놓고 절이라도 하고 싶은 심정이다! 나 혼자서 혼란스러울 때 나에게 해답을 주는 스승이 바로 책이었다.

나는 이 3가지를 매일 진행하고 있다. 이제는 그저 일상이다. 매일 밥을 먹듯이 명상하고, 글을 쓰고, 책을 읽는다. 그리고 이 여정을 다른 사람들과 함께하고 싶어 시작하게 된 것이 감정수련 모임과 코칭이다. 함께할 때 더 멀리 갈 수 있다고 한다. 나는 앞으로도 평생 이 루틴을 진행하려고 한다. 앞으로의 여정에서 더 많은 사람이 나와 함께해서 내가 느꼈던 해방감을 똑같이 경험할 수 있기를 기대하고 있다.

• 08 •

자신에게 용서를 빌어라

> "사랑합니다. 미안합니다. 나를 용서해 주세요. 감사합니다."
>
> \- 조 비테일, 이하레아카라 휴 렌,
>
> 『호오포노포노의 비밀: 부와 건강 평화를 부르는 하와이인들의 지혜』

인생에는 한 가지 공식이 있다. **외부는 그저 내면의 거울**일 뿐이라는 사실이다. 이게 무슨 말인가 하면은 남을 탓할 필요가 없다는 말이다. 왜냐하면 외부 세상은 나의 내면의 세상을 겉으로 보여 주는 것뿐이기 때문이다. 이 말인즉슨 근원은 당신 내면에 있다는 것이다.

남을 탓하는 거는 압도적으로 쉽다. 너무 유혹적이다. 왜냐면 그 즉시 나의 책임을 회피할 수 있다. 그리고 무엇보다도 화를 낼 수가 있다. 인정하기 조금 힘들 수 있겠지만 우리는 분노에 쉽게 중독된다. 분노에는 은밀한 만족감이 있다. 내가 남들보다 옳다는 생각과 내가 이겼다는 느낌에서 충족되는 자부심과 우월감은 확실히 중독적이다.

나 또한 남 탓, 상황 탓에 중독되어 있을 만큼 그것을 습관처럼 했다. 가벼운 예로는 지갑을 두고 집 밖으로 나왔을 때는 0.1초 만에 아빠 탓을 했다. '아빠가 나를 보채지만 않았어도!' 이런 예시는 일상에서 수두룩하게 볼 수 있다.

"당신이 그런 말만 안 했어도."
"내가 돈만 많았어도."
"부모님이 나를 조금만 더 사랑해 줬더라면…."
"나도 저렇게만 자랐다면…."

남 탓, 상황 탓은 말 그대로 끝이 없다. 내가 행복하지 않은 이유를 외부에서 찾으면 나한테는 문제가 없다는 뜻이니 잠깐은 만족스러울 수 있다. 하지만 진실을 정직하게 바라보자. '탓하기'는 지옥 길의 연속이다. 그것은 인생에 대한 불만족감을 일으키고 그에 따른 분노와 원망 때문에 실제로는 나만 가장 고통스러울 뿐이다. 그렇다고 자신을 탓하라는 말은 아니다! 탓하기의 국어사전 의미는 이렇다.

"핑계나 구실로 삼아 나무라거나 원망하다."

우리 원망하는 마음에서 제발 자유로워지자. 그저 알아차려라. 내가 탓하고 있는 순간을 알아차리면 된다. 내 안에 깊은 원망이 있다는 것을 알아차려라. 그래서 계속 누군가를 탓하고 있다는 사실을 그저 알면 된다. 내면에 모든 문제의 근원이 있다. 그곳을 들여다봐야 한다. 마찬가지로 당신의 삶이 불만족스럽다면, 그 이유는 외부에 있지 않다. 상황이 나아지면 모든 것이 괜찮아질 거라 생각하는가? 나 또한 그랬지만 그건 착각이다. 상황이 나아지면 기쁠 수 있겠지만 그것은 언제까지나 일시적이다. 당신은 또다시 인생이 불만족스러울 수밖에 없는 이유를 찾고 말 것이다. 왜냐하면 내면이 변하지 않았기 때문이다. 뿌리는 그대로 남아 있다. 근본을 해결하지 않는 이상 당신의 삶은 절대 변하지 않는다.

삶이 불만족스러운 건, 당신이 돈을 충분히 벌지 못해서가 아니다. 자녀가 당신 뜻대로 행동하지 않아서 또는 부모님이 당신을 헤아려 주지 못해서가 아니다. **당신 안에 불만족감이 존재하기 때문이다.** 만약에 당신 안에 충만함만 있다면 상황은 아무런 영향도 끼치지 못한다.

해결 방법은 당신의 내면을 들여다봐야 한다. 그곳에 답이 있다. 내 안에 깊은 원망이 있다는 것을 알아차렸다면, 다음으로 알아차려야 할 진실은 이것이다. **원망은 사실 나를 향한 마음이다.** 내가 나를 깊이 원망하고 있다. 그리고 자신을 불만족스럽게 여기고 있다. 하지만 이 사실은 인정하기 아프다. 그러니 나의 아픈 마음을 세상에 투사하는 것이다. 그래서 세상이 원망스럽고 불만족스럽다.

특히 투사는 나와 가장 가까운 가족을 대상으로 하기 쉽다. 어렸을 적부터 완벽하기를 강요받아온 엄마라면 자기 모습을 딸에게 투사할 수 있다. 딸이 서투르거나 못마땅한 모습을 보이면 인정하기 싫은 나의 모습을 딸을 통해서 보게 된다. 그렇게 자녀를 꾸짖고 매몰차게 호통치고 원망한다. 그 뒤에는 후회와 죄책감이 따른다. 왜냐하면 마음속 깊은 곳의 당신은 이미 알고 있다. 사실은 본인을 원망하는 건데 그 마음을 딸에게 투사했다는 것을 말이다. 그렇다고 이제 완벽함을 강요했던 자신의 엄마를 또 탓할 것인가? 전부 다 아픈 마음일 뿐이다. '완벽해야만 사랑받을 수 있다'고 믿고 그럴 수밖에 없었던 나 자신과 모든 이들의 아픈 마음을 인정하고 받아들여라. 당신은 그렇게 할 수 있다.

진정으로 자유로워지길 바란다면, 내 안의 아픈 마음을 정직하게 바라봐야 한다. 예컨대 딸의 모습이 불만족스럽고 화가 난다면 즉시 나를 들여다봐야 한다. 인정하기 싫은 나의 모습을 딸에게 투사하고 있는 건 아닌지, 사실은 내가 나에게 화가 난 것은 아닌지 물어보라. 그리고 그 마음을 인정해 줘야 한다. **당신의 아픈 마음이 듣고 싶어 하는 말을 직접 해 주길 바란다.** 어쩌면 당신이 가장 들어야 할 말은 사랑한다는 말보다 미안하다는 말일 수 있다. "미안해." 이 한마디가 어떤 울림이 있는지 한번 직접 말해 보길 바란다. 그동안 자신을 원망하고 미워할 수밖에 없었던 나의 아픈 마음에게 건네는 말이다. 그렇게 해야 당신이 진정으로 행복해질 수 있다. 사실 아픈 마음이 진심으로 바라는 것은 '나의' 따뜻한 관심이다. 부모, 자식, 배우자가 아닌 당신의 관심이다. 다른 사람들이 아무리 알아줘도 내가 자신을 외면하면 아무 소용이 없다. 상대가 나를 알아주기를 끊임없이 바라고 집착하게 될 뿐이다. '내가 힘든 걸 왜 아무도 몰라주는 거야! 나는 왜 이렇게 외로워야 하는 거야!' 내 마음이 울부짖고 있으면 그저 알아차려라. 당신이 힘들고 외롭다는 것을 알아차리고 스스로 인정하라. 당신이 지금 행복하지 않은 상태라는 것을 받아들여라. 언제나 현재의 자신에게 정직할 필요가 있다. 그리고 이렇게 말해 보자.

"너를 외롭게 내가 방치해서 미안해. 너를 그렇게 아프고 외롭게 만들어서 미안해. 너의 아픈 마음이 느껴져서 너무 아파. 네가 아팠던 과거를 생각만 해도 너무 아파. 너의 상처를 내가 몰라봐 줘서 미안해. 그동안 고생했어. 혼자 외로운 시간을 보내느라 고생했어. 이제는 내가 항상 함께할게. 네가 무엇을 느끼던, 내가 항상 너의 곁에서 함께할게."

당신의 인생이 불만족스럽고 그래서 무기력하다면, 당신은 너무 오랫동안 외로웠다는 뜻이다. 자신을 너무 오랫동안 억누르고 외면해 왔다. 그러니 당신의 아픈 마음에게 용서를 구하라. 자신을 용서했을 때 진정으로 자유로워질 수 있다.

당신만의 방법으로 말을 해도 좋다. 위대한 사람들은 모두 자신과의 내면 대화를 누구보다 적극적으로 했다. 그들은 모든 답이 내면에 있다는 것을 알고 있던 것이다. 그러니 오늘부터 적극적으로 자신에게 용서를 구하고 대화를 이어 나가길 바란다. 내면의 '진짜 나'가 당신을 진실된 행복으로 인도해 줄 것이다.

•09•

당신이 지금 행복하지 않은 이유

> "이유가 있는 행복은, 그 '이유'라는 것이 언제든 사라질 수 있기 때문에, 다른 형태의 비참함일 뿐이라고."
>
> - 디팩 초프라, 『우주 리듬을 타라』

잠시 내가 요술램프의 지니가 되었다고 생각하고 당신에게 물어보겠다. 당신은 인생에서 원하는 게 무엇인가? 돈, 명성, 사랑인가? 남들의 부러움인가? 스포츠카인가? 운명의 짝인가? 자식의 성공인가? 무엇이든 좋다. 사람들이 각자 원하는 것은 다르다. 한번 떠올려 보자.

자신이 원하는 게 무엇인지 알았다면 다음 질문은 이것이다.

당신은 그것을 **왜** 원하는가?

이 질문에 대한 정답을 한번 맞혀 보겠다. 답은 "그래야만 내가 행복할 것 같으니까"이다. 당신의 무의식은 그래야만 자신이 사랑받을 수 있다고 믿고 사랑받고 싶은 이유는 행복감을 느끼고 싶기 때문이다. 결국 궁극적으로 당신이 느끼고 싶은 것은 '행복'이다. 우리는 모두 행복하기를 바란다. 그래서 부자가 되고 싶고, 유명해지고 싶고, 여행을 떠나고 싶어 한다. 그것이 없는 지금의 당신은 행복하지 '않은' 사람이 된다. 여기서부터 내가 아는 한 가장 중요한 이야기를 쓰려고 한다. 이 사실은 그동안 내가 공부하면서 깨달은 내용 중 가장 핵심적이고 심오하다. 나는 궁극적으로 이것을 위해 매 순간을 살고 있다.

진실은 이렇다. **우리는 지금 행복해야 한다. 그러면 당신이 원하는 것이 무엇이든 그것을 얻을 수 있다.** 지금 당신의 의식 상태가 모든 것을 결정하기 때문이다. 행복은 미래에 있지 않고, 어디 멀리 떨어진 곳에 있지 않다. 지금 당신이 누리고 있다는 사실을 깨달아야 한다. 그리고 감사해야 한다. 우리는 **지금** 감사할 줄 알아야 한다.

사람들은 상황이 우리를 행복하게 만들어 준다고 생각한다. 대기업 합격, 로또 당첨, 연애, 결혼, 성공, 트로피, 상장, 자격증, 내 집, 외제 차, 명품백, 명성, 비싼 술집, 너무 많아서 하루 종일 쓸 수 있다. 하지만 이것들은 전부 일시적이다. 행복감과 안정감은 잠시 충족됐다가 금방 사라진다. 물론 이 모든 것을 원하는 마음 그 자체에는 문제가 없다. 하지만 그곳에 진짜 행복이 있다고 믿는다면 끊임없이 방황할 수밖에 없다. 순수한 마음으로 어떤 것을 원하고 궁금해하는 것과 그것을 쫓고 집착하는 것은 다르다. 상황은 그저 수많은 경우의 수 중의 하나일 뿐이다. 당신은 인생에서 개인적으로 '호'라고 느끼는 상황을 경험할 수도 있지만, 반대로 '불호'의 상황도 경험할 수 있다. 그것이 무엇이든 중요한 건 당신에게 왔다가, 간다는 사실이다. 영속적이지 않다. 상황이라는 건 너무 덧없다. 왔다 갔다 하는 것을 쫓으면 그만큼 나의 몸과 마음도 왔다 갔다 하며 중심을 잃고 만다.

반대로 절대 변하지 않고 영원한 것이 있다. 바로 당신이라는 존재다. 그곳에서 기쁨의 원천을 찾을 수 있다. 이 말이

와닿지 않는다면 일단 당신이 지금 누리고 있는 것들을 한번 떠올려 보자.

당신은 지금 이 순간에도 아무런 대가 없이 자연이 주는 공기를 원 없이 들이마시고 있다. 당신이 인지하지도 못할 때 당신의 몸은 음식을 소화하고 당신을 위해 에너지를 만들어 낸다. 당신이 만약에 말짱한 두 다리로 걷고, 뛰고, 운전을 할 수 있다면 그것은 축복이다. 두 눈으로 사계절의 변화를 직접 목격할 수 있다면 천운이다. 두 손으로 당신이 좋아하는 취미생활을 즐길 수 있다면 그것은 엄청난 혜택이다. 안전하게 드러누워 잘 수 있는 방이 있고, 매일 끼니를 챙겨 먹을 수 있다면 당신의 생명은 이미 안전하다. 당신에게는 매일 뭔가를 새로 시작할 수 있는 새로운 하루가 주어진다. 우리는 아무런 대가 없이 숲속에서 자연이 주는 위로를 얻고, 바다에서 자유로이 헤엄칠 수 있다. 그것도 모자라 나를 반겨 주는 가족이 있고, 친구가 있고, 동물이 있고, 자연이 있다.

당신은 이미 삶을 누리고 있다. 그리고 무엇보다도 당신에게는 그 모든 것들을 누리고 경험할 수 있는 '생명'이 있다.

이미 모든 걸 받고 태어났다. 이미 가지고 태어났다. 이미 받았다는 것을 알아야 한다. 내가 절대 잊지 말았어야 할 진실은 '나는 이미 받고 태어났다'는 사실이다. 주위를 한번 둘러보고 자신이 가지고 있는 것에 의식을 집중하라. 우리의 의식이 얼마나 중요한지를 이 책을 통해서 배웠을 거라고 믿는다. 내가 가지고 있는 것보다 '없는' 것에 의식을 집중하면 '나는 부족해'라는 생각을 만들고 당신은 무기력해진다. 그 감정과 생각이 당신으로 하여금 "인생은 너무 힘들어"라는 말을 내뱉게 만들고, 그 말버릇이 '힘든' 삶을 창조한다.

나의 의식을 어디에 집중할 것인가? 이것을 신중하게 결정해야 한다. 그러기 위해서는 깨어 있어야 한다. 힘든 삶을 경험하고 싶으면 지금처럼 무의식적으로 살아도 좋다. 하지만 행복을 원한다면 당신이 행복한 이유를 **지금** 찾아야 한다. 당신이 지금 행복하다면 어떨까? 당신은 매일 누리고 있다는 사실에 감사하고 충만함을 느낄 것이다. 그 느낌이 '나는 충만해.', '나는 행복해'라는 생각을 만들어 내고, 그 생각으로 인해 "너무 좋아", "너무 행복해"라는 말을 무의식적으로 내뱉게 된다. 그 모든 말, 생각, 행동이 에너지로서 진동을 방출한다. 그렇게 당신의 에너지와 똑같은 진동수를 가지고 있는 '충만한' 삶이 끌어당겨지는 것이다. 그러면 당신이 그토록 바랐던 행복이 현실로 나타나게 된다. 이 현상을 과학적으로 증명하는 것이 양자역학이다. 그리고 양자역학의 원리를 잘 활용한 것이 '끌어당김의 법칙'이다. 이미 행복한 사람들은 이 사실을 알고 있다. 행복한 사람들은 자신이 누구인지를 알고, 자신의 힘을 '인지'하고 있다.

여러분도 동참하기를 바란다. 다 같이 행복할 때 그 행복은 2배, 3배, 10배가 될 수 있다. 상황이 좋아서 행복이 내게 오는 것이 아니라, **내가 행복해서 행복한 상황이 나에게 오는 것이다.** 그만큼 우리의 '의식'은 전지전능하다. 그러니 당신의 생명을, 당신의 힘을 소중히 여기고 마음껏 누릴 수 있기를 바란다. 그리고 무엇보다도 더 많이 웃고, 더 크게 웃자! 어린아이처럼 순수하게 즐거움을 만끽하자. 요즘 나의 인생 모토이다. **'인생은 즐기려고 사는 것이다!'**

인생을 경험의 놀이터로 볼 것인가 아니면 전쟁터로 볼 것인가는 내가 선택하는 것이다. 지금 당장 결정하면 된다. "나는 행복한 삶을 살겠다. 나는 더 이상 불행한 삶을 살지 않겠다."라고 결정하라. 그리고 물어라. "행복해지려면 어떻게 해야 할까? 내가 원하는 게 무엇일까?" 그러면 당신의 뇌는 곧장 답을 찾으려고 일할 것이다. 내면의 목소리에 계속 집중하라. 돈, 성공, 결혼을 쫓지 말고 곧장 행복을 추구하라. 당신은 지금 얼마든지 행복할 수 있다. 당신이 진심으로 행복하기를 바란다. 부디 우리의 삶 속에서 행복한 웃음이 흘러넘치기를!

지금 당장, 나를 사랑하기 위한 여정 : 자기사랑

1. 우리는 자유로워지기를 바란다. 자유란 내가 원하는 일을 도전하는 것에서 얻을 수 있다. 자신이 진정으로 원하는 것이 무엇인지 매일 스스로 물어라. 그러면 답이 들려올 것이다.
2. 나를 먼저 사랑할 수 있어야 상대방을 사랑할 수 있다. 나의 감정부터 돌보고 헤아리면 된다. 그러면 상대방에게 베푸는 것은 저절로 이루어진다.
3. 우리는 지금 말고 다른 순간에는 존재할 수 없다. 나의 감각을 완벽하게 깨워 내고 현재에 집중하라. 가장 빠른 길은 나의 호흡에 집중하는 것이다.
4. 남들의 삶을 사는 것이 아닌, 당신의 가슴을 뛰게 하는 삶을 살아라. 세상은 변화무쌍하다. 다양한 경험을 제한하지 말고 마음껏 즐겨라. 그리고 마음껏 자신을 표현하라.
5. 인생이 원망스럽다는 건 자신을 원망하고 있다는 말이다. 그동안 자신을 억누르고 외면했던 시간을 인정하고 자신에게 용서를 구하라. 자기용서는 자유로 가는 길의

시작이다.

6. 우리는 '지금' 행복하고 감사해야 한다. 상황이 좋아서 행복해지는 것이 아니라, 내가 행복해서 행복한 상황이 내게 오는 것이다.

나가며

자신을 사랑하게 될 독자들에게

안녕하세요. 사랑하는 독자님들!

여러분을 이렇게 책으로나마 만날 수 있음에 너무 감사하고 설레는 마음입니다.

한편으로는 저의 책이 독자분들에게 어떻게 다가갈지 우려스럽기도 합니다. 제가 의도한 대로 잘 전달이 될 수 있을지 궁금합니다. 저의 의도는 처음부터 끝까지 사랑이었습니다. 여러분이 얼마나 아름다운 존재인지를 아셨으면 좋겠습니다. 그래서 이 책을 쓰게 됐습니다.

내가 사랑받아 마땅한 존재라는 사실을 저는 오랜 시간 동안 믿지 못했습니다. 저는 그것이 비단 저만의 아픔인 줄 알았습니다. 그래서 꽁꽁 숨기고 다녔었지요. 누구에게도 들키고 싶지 않았습니다. 사람들에게 비치는 저의 이미지는 밝고 당당한 모습이었어요. 그래서 사람들이 저의 실체를 알면 실망할까 봐 두려웠습니다. 내가 나를 사랑하지 않는다는 사실이 발각될까 봐, 알고 보니 별 볼 일 없는 애라는 게 들통 날까 봐 너무 무서웠습니다. 그 정도로 자신을 미워하고 겉으로는 외로워 보이지 않으려고 안간힘을 쓰는 삶을 살았습니다. 쿨한 척, 당당한 척, 매정한 척을 연기하면서요.

그렇게 삶에 대한 회의감과 무기력함이 극치에 다다랐을 때 내면의 목소리를 들을 수 있었습니다. 내면의 목소리가 나를 인도한다는 것을 처음으로 자각했던 순간이었습니다. 인생에서 방향을 완벽하게 잃었을 때, 저의 머릿속에는 서점의 이미지가 너무나도 선명하게 떠올랐어요. 의심할 틈이 없는 명백한 메시지였습니다. '서점에 가야겠다.' 곧장 발걸음을 옮겼었지요. 그렇게 향했던 서점에서 지금까지의 여정이 펼쳐졌습니다.

여러분! 지금 이 책을 읽게 된 여러분은 결코 우연이 아닙니다. 우리의 내면에는 모든 답을 알고 있는 '큰나'가 있습니다. 큰나는 내가 무엇이 필요한지를 정확하게 알고 있습니다. 모든 사건은 당신이 **경험할 필요가 있어서** 펼쳐지는 것입니다. 여러분의 엄청난 힘이 모든 것들을 현실로 끌어당긴 것이지요. 그것은 지금의 이 책이 될 수도 있지만 당신의 쓰라린 과거도 포함합니다. 아픈 과거를 받아들이는 일은 용기가 필요합니다. 하지만 아무리 고통스러운 과거여도 그 안에는 숨겨진 교훈이 있다고 말씀드리면 믿어 주시겠어요? 나의 세상에서 일어나는 모든 일은 바로 **나를 들여다볼 수 있는 기회**입니다. 내가 왜 그런 과거를 끌어당겼는지 인정하고 들여다볼 수 있어야 합니다. 그렇게 해야만 나의 힘을 인정할 수 있어요. 그러면 우리는 똑같은 힘을 활용해서 이번에는 더 행복한 삶을 창조할 수 있는 겁니다.

저는 한때 자기연민에 심취되어 있었습니다. 특히 엄마를 탓하며 스스로 피해자라고 생각했어요. 그 생각이 어딜 가도 '부족하다는' 느낌을 만들어 냈습니다. 피해자로 사는데 어떻게 풍요로움을 느낄 수 있을까요? 자신을 피해자라고 정의하는 것을 멈추지 않는 한, 저는 계속 피해자의 삶을 살 수밖에 없습니다. 우리가 생각하는 것이 우리의 경험이 되는 겁니다.

자기연민에 빠져들었던 이유는 저만 그런 아픔이 있다고 믿었어요. 하지만 많은 사람들이 저와 비슷한 상처를 품고 산다는 것을 알게 됐습니다. 사람들 모두가 상처받은 내면아이가 있습니다. 나에게 상처를 줬던 그 사람 조차도요. 우리 모두가 그런 상처를 경험했다는 것이 마음이 아프고 미안합니다. 하지만 나의 아픔을 받아들여야 합니다. 그래야만 우리가 다시 일어나서 앞으로 향해 나아갈 수 있습니다. 우리에게는 그럴 수 있는 힘이 있습니다.

인생에서 어떤 일을 경험하게 되든 그것이 나에게 어떤 의미인지를 꼭 들여다보시기를 바랍니다. 회사에서 일이 많아 매일 고된 하루를 보내는 상황이든, 어린 자녀가 말을 듣지 않아 매일 전쟁 같은 하루를 보내는 것이든, 연인에게 계속 버려지는 상황이든 반복적인 상황을 경험하고 있다면 이것을 알아차리셔야 합니다. 당신 안에는 당신이 들여다봐야 할 뭔가가 있다는 것입니다. 그리고 그것은 억눌린 감정입니다. 세상은 그저 당신에게 그 사실을 알려 주려고 존재하는 것뿐입니다.

여러분 내면에 해소되어야 할 감정이 있다는 것을 '큰나'가 세상을 통해 알려 주는 것입니다. 내면에서 답을 찾으시길 바랍니다. 그리고 언제나 자신을 친절하게 대해 주세요. 자신이 부담을 느끼지 않을 속도로 천천히 다가가고 충분히 기다려 주세요. 그러면 당신은 자유로워질 겁니다. 더 이상 심적인 장벽을 느끼고 고통받을 필요가 없을 거예요.

저는 세상에 이렇게 감사할 일이 넘친다는 것을 망각하고 살았습니다. 매일 이렇게 두 손으로 글을 써 내려갈 수 있다는 것, 두 다리로 걷고 직접 운전을 할 수 있다는 것. 나무에 비치는 햇살을 두 눈으로 볼 수 있다는 것. 낮에는 맑은 하늘을, 밤에는 별자리를 구경할 수 있다는 것. 사랑하는 사람들의 목소리를 들을 수 있다는 것. 감사할 것이 실로 넘쳐납니다. 어떻게 이 모든 것들을 잊고 살았을까요?

내가 그동안 얼마나 많은 사랑을 받아왔는지, 세상에 감사할 일이 얼마나 많은지 한번 떠올려 보세요. 지금 내가 가진 것들에 집중하면 이 세상이 주는 풍요로움을 진실로 느낄 수 있습니다. 감사함의 힘은 나의 삶을 통째로 바꿔줍니다. 나의 아픈 과거까지 사랑할 수 있기를 바랍니다. 그랬을 때 상처뿐이던 끔찍했던 당신의 과거가 당신의 날개가 되어 줄 거예요. 그 누구에게도 없는 오직 당신만의 고유한 날개를 펼치고 자유롭게 날아오르기를 진심으로 소망합니다.

더 자유롭고, 더 사랑하고, 더 행복해질 독자님들, 이 책을 끝까지 읽어 주셔서 정말 고맙습니다. 그리고 사랑합니다.